i Solferin[illegible]

LILLI GRUBER

Basta!

Il potere delle donne contro la politica del testosterone

SOLFERINO

SOLFERINO

www.solferinolibri.it

ISBN 978-88-282-1831-9
Prima edizione: ottobre 2019
Nuova edizione aggiornata: settembre 2025

Basta!

A mia madre Herlinde.
Che è un modello,
ma senza farmelo pesare.

Prefazione alla nuova edizione
Qualcosa è cambiato?

«Ci si sente disarmati.» Così la presidente del Consiglio Giorgia Meloni ha commentato l'assassinio di Martina Carbonaro, una quattordicenne, uccisa con ripetuti colpi di pietra alla testa alla fine di maggio del 2025 dal suo ex fidanzato che di anni ne aveva appena diciannove. Meloni, la politica più potente del Paese, si è dunque detta disarmata.

Mentre si trovava in Kazakistan per l'Astana International Forum, ha commentato il fatto presentandosi come una madre, dichiarandosi «senza fiato», illustrando il suo sconforto di fronte ai rischi che i giovani corrono nel mondo digitale. Non potrei essere più d'accordo con quest'ultima opinione, in linea con quel che ho scritto nel mio libro sulla pornografia, *Non farti fottere*. Ma Meloni fa un po' di confusione: certo che i contenuti violenti e/o pornografici sui social e sul web sono un pericolo per i ragazzi – e non solo per loro – ma non si può ridurre un fenomeno come il femminicidio al consumo eccessivo di contenuti digitali. Ho trovato anche estremamente preoccupante che la presidente del Consiglio abbia circoscritto il problema a una fascia d'età, i giovani e gli adolescenti. In realtà è proprio il contrario e i dati ufficiali mostrano che sono in maggioranza uomini adulti, persino anziani, a uccidere le loro compagne, a volte mettendo poi fine ai propri giorni.

Ma l'aspetto più grave è stato quella parola: «disarmati». Ne ho discusso in una puntata di *Otto e mezzo*, il 30 maggio 2025. E mi è rimasta in mente come un insulto al buonsenso, alla realtà e all'intelligenza dei cittadini di questo Paese, che da decenni convivono con il vero e proprio cancro sociale che è la violenza contro le donne. Perché la politica, a maggior ragione quella di un governo che si vanta ogni giorno della propria forza e stabilità, non ha il diritto di abbandonarsi allo sconforto. Ha il dovere di individuare soluzioni.

Un paio di settimane prima di quel «disarmati», il 15 maggio, a suscitare un'ondata di collera ci aveva pensato il ministro della Giustizia, Carlo Nordio, con un discorso al Senato. Si era appena consumato l'ennesimo femminicidio, a Civitavecchia:

la quarantasettenne Teodora Kamenova, massacrata a coltellate dal suo ex compagno. Davanti ai colleghi senatori, Nordio aveva fornito la sua soluzione: se una donna si sente in pericolo deve rifugiarsi in un luogo sicuro, «come una farmacia o una chiesa». Aggiungendo che lo Stato non può garantire la sicurezza di ogni abitazione privata. Quindi, proteggersi e difendersi sarebbe il compito delle potenziali vittime. Forse Nordio non aveva in mente l'articolo 117 della Costituzione, che assegna allo Stato il dovere di garantire «l'ordine pubblico e la sicurezza» per i suoi cittadini.

Nel maggio del 2025 abbiamo insomma assistito alla vergognosa esibizione di una politica allo sbando, di fronte alla catastrofe sociale e morale rappresentata dalla violenza contro le donne. E proprio all'evidente emergenza civile in cui ci troviamo risponde l'idea di ripubblicare questo libro scritto nel 2019. Che purtroppo, è più attuale che mai. Perché i casi di cronaca cambiano ma le dinamiche restano identiche. Gli scandali riaffiorano e tornano a far tremare il potere, come nel caso Epstein. I protagonisti della nostra vita pubblica sono uguali a se stessi in modo sconfortante, a volte ritornano – vedi Trump – e per un Bolsonaro che cade in Brasile c'è un Milei che trionfa in Argentina. Intanto, i problemi non vengono risolti e anzi la situazione si deteriora ulteriormente, come vedremo con un'occhiata alle statistiche.

Un campanello di allarme è anche la formulazione del nuovo decreto legge sui femminicidi che certifica questo reato come un crimine distinto rispetto all'omicidio. E prevede l'ergastolo per i colpevoli. Il governo Meloni ha dunque scelto la via della repressione, e non c'è da sorprendersi dato che la presidente del Consiglio, fin dall'inizio del suo mandato, ci ha tenuto a dare un'immagine muscolare del suo esecutivo. Ma dovrebbe porsi la domanda più importante: se sia la misura più efficace da applicare e se vada veramente al cuore del problema.

Prima osservazione: come accade per tutti i crimini, l'esistenza di una punizione raramente risulta dissuasiva. Il rischio concreto di finire in prigione non basta, purtroppo, a trattenere la mano armata di pietra o di coltello. In secondo luogo, e questo è l'aspetto più grave: identificando le donne come bersagli specifici, da proteggere con una legge a parte, si consacra il loro statuto di esseri deboli, di cittadine «in via d'estinzione», per così dire, che hanno bisogno di una tutela rinforzata. Così, l'attenzione ancora una volta si sposta sulle vittime. Sulla loro libertà di lasciare un partner o di trovarne uno nuovo, di vestirsi come vogliono, di fare le ore piccole, di bere alcolici o meno, di dire «no». Mentre bisognerebbe concentrarsi sui colpevoli, perché non è una debolezza intrinseca a fare di una donna una "preda": è la violenza maschile.

È su quel piano, sull'educazione dei giovani uomini e sul cambiamento sociale, che dobbiamo agire. Altrimenti non ci resterà che piangere una nuova morte ogni due o tre giorni.

La strage delle donne

Siamo un Paese dalla lacrima facile. Tutti ricordiamo l'ondata di emozione suscitata dal brutale assassinio di Giulia Cecchettin nel novembre del 2023. Una ragazza di ventidue anni uccisa a pugni e coltellate dall'ex compagno Filippo Turetta, poi condannato all'ergastolo nel dicembre del 2024. L'omicidio di Giulia non ha smesso di far discutere, dopo aver alimentato il dibattito sui media e sui social e aver riempito le piazze al grido di «mai più». Il 18 novembre 2024, il ministro dell'Istruzione Giuseppe Valditara ha perso una buona occasione per stare zitto, e ha rivelato il vero pregiudizio morale e ideologico del governo, intervenendo all'inaugurazione della Fondazione Cecchettin, dedicata proprio a Giulia. Il ministro ha negato l'esistenza del patriarcato, bollando come «ideologica» la battaglia che soprattutto le associazioni femministe conducono da decenni contro questo nauseabondo relitto del nostro passato. Ha minimizzato parlando di «residui di maschilismo, diciamo di machismo». E ha strizzato l'occhio alla frangia di elettorato razzista che sostiene il governo Meloni fin dal suo arrivo al potere, dichiarando: «Non si può far finta di non vedere che l'incremento dei fenomeni di violenza sessuale è legato anche a forme di marginalità e devianza in qualche modo discendenti dalla immigrazione illegale».

Cosa può esserci di più osceno che sfruttare il tragico omicidio di una ragazza da parte del fidanzato per portare avanti un discorso contro le migrazioni? Mentendo, per di più. Il giorno dopo l'exploit del ministro, Gian Antonio Stella forniva i dati veri sul «Corriere della Sera»: «Nel 2022 l'Istat certifica che il 93,9 per cento delle donne italiane uccise è stato assassinato da italiani. Il resto è frattaglia propagandistica basata su percezioni». E l'ultimo report del Viminale disponibile rivelava che dal gennaio al novembre 2024 ci sono stati 97 femminicidi di cui 83 in ambito famigliare/affettivo.

Alla fine, la risposta migliore a tutta la nefasta propaganda sul tema sono le parole della ormai celebre lettera di Elena Cecchettin, pubblicata sul

«Corriere del Veneto» all'indomani della morte di sua sorella. «Turetta viene spesso definito come mostro, invece mostro non è» ha scritto Elena. «Un mostro è un'eccezione, una persona esterna alla società, una persona della quale la società non deve prendersi la responsabilità. E invece la responsabilità c'è. I "mostri" non sono malati, sono figli sani del patriarcato, della cultura dello stupro. La cultura dello stupro è ciò che legittima ogni comportamento che va a ledere la figura della donna, a partire dalle cose a cui talvolta non viene nemmeno data importanza ma che di importanza ne hanno eccome, come il controllo, la possessività, il catcalling. Ogni uomo viene privilegiato da questa cultura.» La stessa Elena, dopo l'intervento del ministro Valditara, ha risposto alle sue parole ricordandogli che Giulia era stata uccisa da un giovane italiano, bianco e «perbene».

Non conoscere i dati, o peggio occultarli o manipolarli per convenienza politica, non è il modo giusto per affrontare un'emergenza. Per combattere il maschilismo reazionario di ritorno non serve «frattaglia propagandistica», servono azioni concrete, come per esempio l'introduzione dell'educazione sessuale e sentimentale nelle scuole. Di uomini di potere che negano il patriarcato non abbiamo bisogno: offendono chi ne vive gli effetti sulla propria pelle da sempre, come raccontano, con molti esempi concreti, le pagine di questo libro.

Dal 2019, quando è stato pubblicato *Basta!*, i femminicidi sono diventati una vera e propria emergenza. Secondo i dati dell'osservatorio Non Una di Meno, nei primi sei mesi del 2025 ne sono stati registrati 51, più almeno 33 tentati, senza contare gli innumerevoli – e non sempre denunciati – casi di violenza di genere. La vittima più giovane ha quattordici anni, la più anziana novantatré. Nel 2024 sono state uccise 113 donne, in maggioranza per mano di un fidanzato, di un marito o di un ex. Nel 2023 erano stati perpetrati 96 femminicidi, il 94,3 per cento per mano di un assassino connazionale. Se un uomo rifiutato arriva a infierire con settantacinque colpi di coltello sul corpo di una ragazza, o a somministrare veleno per topi alla propria compagna incinta, non c'entra l'etnia. C'entra il contesto educativo, c'entra il quadro sociale in cui questi reati sono maturati.

In una intervista su «Avvenire», lo psicanalista Massimo Recalcati ha detto: «I genitori più che osservare poliziescamente i loro figli dovrebbero preoccuparsi di testimoniare l'amore in famiglia. Se un figlio cresce in una famiglia dove l'affettività non fa paura, dove il rispetto nei confronti del femminile si realizza nei fatti e non a parole, dove non c'è ricorso alla violenza o all'insulto, non diventerà un uomo che odia le donne». Amare significa rispettare soprattutto la libertà dell'altro, non viverla come una minaccia. È un tema di educazione, che riguarda anche le scuole, ed è un tema politico, che riguarda le istituzioni.

Purtroppo, invece, in tutto il mondo, populismo fa ormai rima con machismo: un approccio al dibattito pubblico sempre più rozzo, brutale, violento. Se il messaggio che arriva dalle nostre classi dirigenti è quello della supremazia del principio della forza e della sopraffazione, della costruzione e demonizzazione di un nemico, dell'odio e del disprezzo, come possiamo pensare che non ci siano ricadute anche sulle nostre società, sul nostro modo di intendere e interpretare la convivenza civile? Quando Donald Trump dice che le donne «vanno prese per la figa» mimando il gesto, o parla delle diplomazie dei vari Paesi «in fila per baciargli il culo», sta contribuendo a inquinare il linguaggio pubblico e ad annullare l'educazione al rispetto del prossimo. Purtroppo, questi atteggiamenti fanno scuola, a ogni livello della nostra vita comune.

E non è solo a parole che la politica della destra-destra entra in collisione con i diritti acquisiti, nel tempo e con fatica, dalle donne. Ci sono anche i fatti.

La battaglia sul corpo delle donne

Ciclicamente ritorna, nella mia rubrica sul magazine «7» del «Corriere della Sera», il tema dell'aborto. Ogni volta scatena dibattiti estremamente accesi, portando alla luce oppositori a volte radicali, a volte nascosti sotto un velo – sottile – di finto buonsenso e ragionevolezza. È una ferita aperta per ogni nostalgico del patriarcato, quella del diritto delle donne a decidere sul proprio corpo. E non a caso, negare quel diritto è una bandiera della destra al potere in ogni parte del mondo. Valga per tutte la data nera del 24 giugno 2022, quando la Corte Suprema americana ha abolito la storica sentenza Roe *vs* Wade, rimettendo nelle mani dei singoli Stati la scelta di varare leggi più restrittive sull'interruzione di gravidanza.

«Inevitabilmente e dolorosamente le donne hanno sempre abortito e continuano ad abortire, pagando gli astratti lussi etici della società e il prezzo concreto delle loro sofferenze e dei loro disagi» scriveva Lietta Tornabuoni sulle pagine del «Corriere della Sera» nel 1975, tre anni prima che in Italia venisse varata la legge 194 sull'interruzione di gravidanza. A capo del governo c'era Giulio Andreotti, il ministro della Giustizia era un democristiano, Francesco Paolo Bonifacio, e secondo le stime dell'epoca la 194 ha salvato circa 20mila vite, evitando la necessità di ricorrere a pericolosissime pratiche illegali. Il principio con cui si arrivò all'approvazione era chiarissimo: si trattava di «una legge ispirata non a un'ideologia, che per lo più è invocata dagli uomini, ma alla vita reale delle donne» ha ricordato proprio l'estensore dei primi due fondamentali articoli della norma, Raniero La Valle, anche lui di salda fede cattolica.

Secondo un orrendo modo di pensare, incistato nel più vieto patriarcato, grazie a questa legge le donne userebbero l'interruzione di gravidanza come un semplice contraccettivo, ricorrendovi con leggerezza. Questa la teoria. Invece, i fatti: dal varo della 194 il numero degli aborti in Italia ha continuato a calare, passando dai 234.801 del 1982 (record assoluto) ai 65.661 nel 2024 (ultimi dati disponibili). Da qualsiasi parte la si guardi, insomma, la morale è che non c'è nessuna ragione per riaprire un dibattito, già d'altronde chiuso col referendum del 1981 che respinse la proposta di abrogazione della legge.

Tuttavia, anche in questo caso, chi vuole portare avanti una battaglia politico-identitaria non si interessa ai dati, o non li conosce. E meno che mai si preoccupa della salute e del benessere delle gestanti. Benché tutti i partiti, anche di orientamento reazionario, si guardino bene dal toccare il provvedimento – le donne votano e non li seguirebbero –, nel 2024 il governo ha infilato in un decreto sul Piano nazionale di ripresa e resilienza, che doveva avere tutt'altra finalità, la possibilità di fare entrare le associazioni antiabortiste nei consultori pubblici, utilizzando proprio i soldi del Pnrr. Si tratta delle stesse associazioni che vorrebbero costringere le donne ad ascoltare il battito del feto prima di decidere, sottoponendole a una tortura ulteriore in un momento già difficilissimo. Alessandra Kustermann, ex primaria di ginecologia a Milano, una vita in soccorso delle donne, spiega che non è un problema aumentare i finanziamenti ai Centri per l'aiuto alla vita (Cav), come propone la leader di FdI. Ma «questi Cav non devono assolutamente interferire con il percorso della donna cercando di colpevolizzarla. Lo Stato è laico e applica la legge».

Le Marche e l'Abruzzo, le due regioni in cui governa un esponente – maschio – di Fratelli d'Italia, sono fra quelle in cui la legge 194 sull'interruzione di gravidanza resta in parte inapplicata e fortemente disincentivata, anche a causa dell'elevato numero di obiettori di coscienza – un problema diffuso in tutto il Paese. Come tutta risposta ai disagi e al dolore causati da questa inefficienza, Giorgia Meloni sostiene di voler offrire anche il «diritto a non abortire». Diritto peraltro mai messo in discussione.

Mi torna in mente una giovane e determinata politica che decise di candidarsi a sindaca di Roma nel 2016, mentre era incinta: Guido Bertolaso, suo avversario che correva per Forza Italia, le suggerì di ritirarsi per fare la mamma a tempo pieno. Il 16 marzo lei gli rispose pubblicamente così: «Ogni donna deve poter scegliere, e nessun uomo deve dire a una donna cosa fare». Una frase chiara, netta e senza ambiguità. Quella politica si chiamava Giorgia Meloni. Evidentemente ha cambiato idea in peggio, proprio ora che avrebbe il potere di cambiare la situazione in meglio. E ha deciso di farsi paladina non delle donne, ma della vecchia triade «Dio, patria e famiglia».

Dio, patria e ideologia

Pochi mesi dopo l'uscita di *Basta!* il mondo intero piombava nell'incubo della pandemia da Covid-19, che fra le altre cose è stata una vera e propria istantanea dello stato del patriarcato nel nostro Paese. Intanto, si è trattato di un'emergenza gestita – sotto i governi Conte II e Draghi – quasi esclusivamente da uomini: zero nomi femminili nel Comitato tecnico scientifico che consigliava i politici su misure e chiusure; 17 su 76 componenti nella task force dati per l'emergenza Covid; 4 su 18 membri nel Comitato di esperti in materia economica e sociale istituito dal presidente del Consiglio e presieduto da Vittorio Colao. Inoltre, le lavoratrici hanno pagato il prezzo più alto alla crisi pandemica: secondo i dati diffusi dall'Istat, tra aprile e settembre del 2020 l'occupazione femminile in Italia è calata del 4,1 per cento, con una differenza di 1,7 punti percentuali rispetto a quella maschile e contro una media europea del 2,1. Su 841 mila posti di lavoro persi, il 55,9 erano di donne. E neanche a dirlo, durante il lockdown del 2020 è stato perlopiù sulle loro spalle il peso degli oneri di casa, figli e didattica a distanza, anziani. Come lo è anche in tempi non pandemici, peraltro.

«La maternità (non) è un'impresa» si intitolava il convegno organizzato nel novembre 2023 dalla ministra della Famiglia e delle Pari Opportunità Eugenia Roccella per affrontare il problema enorme dell'inverno demografico, ossia la denatalità. Questione cruciale in tutta Europa, e drammatica in Italia: il 2024 ha sancito un nuovo record negativo, con soli 370mila nuovi nati, mentre le morti sono state 651mila. In occasione di quel convegno, così come all'annuale kermesse degli «Stati generali della natalità» e praticamente in ogni discorso ufficiale sul tema, Giorgia Meloni ha ricordato che «parlare di sostegno alla natalità sembrava quasi essere un tabù. Noi abbiamo infranto quel tabù», perché il suo governo ha l'approccio di chi crede che «il compito dello Stato sia creare le condizioni favorevoli, con l'ambiente normativo e soprattutto sul piano culturale, alla famiglia».

Non sono note politiche contro la natalità – o contro la famiglia – di precedenti esecutivi, mentre è vero che nessun inquilino a Palazzo Chigi ha mai brillato in questo campo. Al di là della roboante propaganda, ciò vale anche per Meloni e il suo governo ultra-conservatore. Lo testimonia il report annuale di Save the Children dal significativo titolo *Le equilibriste*, che analizza la fatica di tenere insieme famiglia, professione e dignità sociale. Secondo i dati dell'edizione 2025, l'occupazione femminile in Italia per le donne tra i 25 e i 54 anni (l'età in cui più probabilmente si hanno figli a carico) è del 64,9 per cento, ben venti punti percentuali in meno rispetto a quella maschile. Allargando il campo a tutte le fasce d'età la situazione non migliora: il dato cala al 57,4 per cento, 12,6 punti sotto la media Ue. È il tasso più basso dell'Unione. Il divario aumenta quando si ha un figlio minore: in questo caso hanno un lavoro il 90 per cento dei papà e poco più del 58 per cento delle mamme. Non solo: a causa della tradizionale sproporzione nei compiti di cura e della mancanza di servizi (ricordiamoci che nel 2023 sono stati tagliati da Meloni 114mila posti negli asili nido che si sarebbero dovuti realizzare con il Pnrr), una su cinque lascia l'impiego dopo aver avuto il primo figlio. E quando non lo fa, dopo quindici anni ancora guadagna il 57 per cento in meno di chi non ha pargoli, per via della riduzione delle ore lavorate. Quattro professioniste su cinque ritengono che la scelta di diventare madri possa essere di ostacolo alla carriera, ed è difficile dar loro torto. Non parliamo poi delle moltissime – il numero è raddoppiato in un trentennio, ed è oggi circa 1 milione – che sono mamme single di figli minorenni: nel 41,3 per cento dei casi sono a rischio povertà o esclusione sociale. Non ultimo dei problemi è il *gender pay gap*, che in Europa è in media del 12,7 per cento e in Italia varia secondo l'impiego ma rimane comunque una voragine: dal 35 per cento nelle attività professionali, scientifiche e tecniche all'11 per cento nell'istruzione, che pure è un campo tradizionalmente «al femminile». Intanto, nonostante un miglioramento negli ultimi trent'anni che l'ha portata all'1,55 per cento del Pil, in Italia la spesa per la famiglia resta sotto a quella del resto degli Stati Ue: 0,8 punti sotto la media europea; 0,7 meno della Francia e quasi 2 punti di differenza con la Germania.

I dati, insomma, dimostrano una cosa piuttosto ovvia: più degli slogan contano le condizioni socio-economiche, che non si migliorano a colpi di bonus. Ancora meno utile è la difesa ideologica e totalmente fuori dalla realtà della famiglia «tradizionale», che lascia tranquillamente gli uomini/padri nei ruoli per l'appunto tradizionali. Tradotto: non esiste una genitorialità davvero condivisa, il carico famigliare continua a pesare in modo sproporzionato sulle donne, il mondo del lavoro respinge o penalizza le lavoratrici. Sicuri che la ricetta «Dio, patria e famiglia» funzioni?

Qualcosa è cambiato... ma non in meglio

In questo libro, nel 2019, denunciavo fin dal titolo la «politica del testosterone», che tanto male stava facendo e rischiava di fare al mondo. Nel 2022 la Russia di Putin invadeva l'Ucraina. Nel 2023, dopo l'orribile strage del 7 ottobre, Israele cominciava la sanguinosa offensiva contro Gaza. Questi conflitti scatenati da maschi e portati avanti da maschi, mentre altri maschi hanno tentato a lungo e senza alcun successo di mediare, sono lungi dall'essere risolti.

E dalla pubblicazione di *Basta!*, anche con l'uscita di scena di Angela Merkel, la presenza femminile ai vertici delle istituzioni, dove un approccio diverso potrebbe fare la differenza, è persino diminuita.

Dalla mappa realizzata dall'Unione interparlamentare e UN Women «Donne in politica» del 2025 apprendiamo infatti che gli uomini sono oltre tre volte più delle donne nelle posizioni esecutive e legislative; le donne ricoprono le massime cariche dello Stato in soli venticinque Paesi; e sebbene l'Europa rimanga la regione con il maggior numero di Stati a guida femminile (sono dodici), al 1° gennaio 2025 la percentuale di ministre è scesa al 22,9 per cento, rispetto al 23,3 per cento dell'anno precedente. Solo nove Paesi nel mondo, e anche in questo caso la maggior parte sono nel Vecchio Continente, hanno raggiunto la parità di genere negli esecutivi: Nicaragua (64,3 per cento), Finlandia (61,1 per cento), Islanda e Liechtenstein (60 per cento), Estonia (58,3 per cento), Andorra, Cile, Spagna e Regno Unito (tutti al 50 per cento). Il dato è in forte calo rispetto al 2024, quando i Paesi erano quindici, ma d'altra parte in ben centosei Stati del mondo non c'è mai stata una donna alla guida.

In Italia, «finalmente», dal 2023 abbiamo *la* prima presidente del Consiglio della nostra storia repubblicana. Che però insiste per farsi chiamare «il presidente» al maschile. Le ministre nel governo Meloni sono solo sei su venticinque, pari a circa il 24 per cento. Le parlamentari elette con Fratelli d'Italia sono circa il 30 per cento (più o meno come quelle del Pd: pessimo biglietto da visita anche per la sinistra). Quando nell'aprile 2023 il Parlamento europeo ha approvato la direttiva sulla trasparenza delle retribuzioni contro ogni discriminazione, un passo importante per ridurre il *gender gap* nei salari, gli eurodeputati meloniani, tutti maschi, si sono o astenuti o hanno espresso voto contrario. La filosofa Rosi Braidotti ha sentenziato: «Giorgia Meloni sta al femminismo come un pesce su una bicicletta: affannata, in bilico e fuori luogo». D'altra parte, la premier è esplicitamente contraria alle quote di genere, ovvero (vale la pena ricordarlo per l'ennesima volta) il criterio secondo cui a parità di curriculum venga scelta una competenza femminile in luogo di una maschile fino al raggiungimento di un democratico 50/50. Di questa norma, e delle speciose argomentazioni che da sempre si sprecano per contestarla, si parla molto nelle pagine che seguono.

È inutile nascondersi dietro un dito: la parità di genere non viene naturale agli uomini e spesso è difficile da mettere in pratica persino per noi che avremmo tutto da guadagnarci. Pensiamo alla condivisione delle faccende domestiche: secondo i dati

Istat, le donne in Italia passano quasi il triplo del tempo rispetto ai loro compagni a occuparsi della casa, dei figli, degli anziani. Il problema ha radici profonde, sociali e culturali, e tutti ne siamo parte. E certo non si può chiedere che chi ha un privilegio o una posizione dominante vi rinunci senza colpo ferire, cedendo il passo con cavalleria. Ma noi, compagne e madri, nonne e zie, dovremmo essere in prima linea per modificare le strutture dell'oppressione, anziché farcene complici.

Finché ragazze e ragazzi saranno trattati in modo diverso in casa, infatti, avremo un problema. Perché le femmine dovrebbero lavare i piatti o aiutare la mamma a preparare la cena, mentre i maschi guardano il calcio in tv col papà? La categorizzazione dei ruoli di genere comincia proprio dalla nascita, per la verità anche prima (come denuncia un testo fondamentale scritto da Elena Gianini Belotti nel 1973, *Dalla parte delle bambine*). Desiderati, sognati per anni, avuti a volte con fatica e cresciuti con grande impegno anche economico, i bambini diventano il centro di tutte le attenzioni e di tutti i pregiudizi. E così, ancora si insegna alle ragazze a stare attente per non «incontrare il lupo», ma non si insegna ai maschi a non diventarlo, quel lupo. Tradizioni e cliché dati per scontati sono i peggiori nemici del progresso, e della parità.

In un'assolata mattina romana sono andata al parco vicino a casa per allenarmi. Erano in molti a fare sport o rilassarsi al sole e tra gli altri una famiglia di quattro persone. Il padre e i due figli si sono tolti le scarpe e le hanno buttate per terra alla rinfusa, per poi giocare un po' a pallone. Quando si sono stancati, sono andati a sedersi più in là, all'ombra. La mamma si è alzata, ha attraversato il campo, ha raccolto una per una le sneakers abbandonate e le ha gentilmente riportate a marito e prole. Ecco, questa è l'immagine perfetta dello stato di arretratezza in cui vivono ancora ampie fette della società in Italia. Il maschio che senza problemi lascia rivestire alla compagna il ruolo della sua cameriera è un modello medievale di organizzazione famigliare. L'espressione della virilità non dovrebbe aver bisogno di quel genere di sottomissione.

Sembra insomma che le donne siano condannate a ripulire il disordine lasciato dagli uomini, dalla raccolta della biancheria sporca a casa a quella dei cocci della nostra società in frantumi. Non sarà ormai urgente dire basta? Ci sono segnali incoraggianti, ma siamo ancora lontani da quella che dovrebbe essere la norma: una piena, completa, inequivocabile parità, senza alcuna eccezione. Se le donne vogliono cambiare il mondo e ridisegnare la distribuzione del potere nella società devono rendersi conto che il processo inizia proprio con loro, e con il ruolo che giocano nell'educazione dei piccoli esseri umani di cui a vario titolo sono responsabili (e a volte anche di quelli più grandi che hanno scelto come partner). Se l'obiettivo è davvero la parità, cominciamo a praticarla dalla culla senza aspettare di ottenerla nella tomba. E questo vale anche per gli uomini: basta con la pigrizia, con il menefreghismo e con la comoda adesione a ruoli ereditati dalla preistoria. Basta con l'abitudine di scaricare sulle compagne la cura di figli e anziani non autosufficienti e il peso delle faccende domestiche. Basta con l'insostenibile ritornello «potevi chiedere» che risponde a ogni eventuale lamentela. Combattete insieme a noi gli ormai non più sopportabili stereotipi. Sarà un mondo migliore anche per voi.

Roma, 22 luglio 2025

Introduzione
Per favore, rimettetevi la cravatta

Maggio è il mese delle rose. O almeno dovrebbe.

Siamo in vista delle elezioni europee 2019 e le redazioni dei talk televisivi, *Otto e mezzo* incluso, sono inondate dalle richieste dei politici che vorrebbero essere invitati. Accettiamo l'autocandidatura di Matteo Salvini, all'epoca ministro dell'Interno e vicepremier. Fissiamo la sua partecipazione per mercoledì 8. Il giorno prima, dal palco di un comizio lombardo, a Giussano, lui si lamenta con il suo «popolo»: «Non ho mica voglia, ma domani devo andare dalla Lilli Gruber: simpatia portami via».

Siccome soffro di una certa allergia alla maleducazione, la mia prima reazione è disinvitarlo. Dopo una discussione con la mia squadra redazionale, decido di affidare alle agenzie una risposta semplice: «Leggo che il ministro Salvini non ha voglia di venire domani a *Otto e mezzo* e che ne fa una questione di simpatia. Visto che si è proposto lui, e visto che chi viene da noi lo fa volentieri, se ha un problema il senatore Salvini può restare a casa o preferibilmente al ministero».

Invece lui, la sera dopo, si presenta puntuale con la faccia dell'uomo che, dopo averti fatto arrabbiare, arriva con il mazzo di rose. Manca, però, il mazzo di rose, e glielo faccio notare in diretta. Il suo imbarazzo è reale, la sua risposta gronda miele: mi vuole tantissimo bene e i fiori me li porterà di sicuro. Marco Caparrelli, il mio caporedattore, commenta ridendo: «Ai comizi spara a zero, poi quando lo attacchi alza le mani, sorride, fa un passo indietro, si scusa... pare un figlio dei fiori».

Il 23 maggio, a ridosso della domenica elettorale, ho di nuovo Salvini in collegamento. Inutile dire che le rose non sono mai arrivate e gli chiedo notizie. Le scuse sono quasi degne dell'indimenticato John Belushi: voleva consegnarmele di persona, mi comprerà anche dei cioccolatini... mancano giusto le cavallette. Taglio corto: «Se le sue promesse elettorali sono così farlocche come il mazzo di fiori per me, non sono messi tanto bene i suoi elettori». La sua risposta? «Mi scusi, ho i limiti di un maschietto.»

Se, a distanza di mesi, ripensare a questo scambio ancora mi irrita, non è certo per il mancato omaggio e, vi dirò, nemmeno per la maleducazione iniziale. È per quel: «Ho i limiti di un maschietto». Perché ne abbiamo abbastanza, di questa retorica del maschio da capire e compatire. Offende gli uomini quanto le donne. Dai dettagli più folkloristici, come questo episodio, fino a quelli più gravi: chi ha detto che la virilità abbia a che fare con l'inaffidabilità, o con la volgarità, o con le pulsioni incontrollabili?

Basta.

Non è un destino genetico dimenticare gli anniversari o seminare i calzini per casa. Non è un riflesso condizionato l'incapacità di tenere le cerniere chiuse o le mani a posto. Non esistono in natura «limiti» che i *maschietti* non possano superare e che quindi – sottinteso – dobbiamo superare noi per loro. Per esempio, raccogliendo il loro disordine perché «è un lavoro da donne» o evitando di vestirci in un certo modo perché «l'uomo è cacciatore».

Il tempo dei proverbi è finito ed è arrivato il tempo del cambiamento. Che è nelle mani delle donne. Non per una questione di femminismo, ma per una questione di civiltà. Quella che rischiamo di giocarci, insieme alla democrazia, alla pace sociale e all'abitabilità del pianeta Terra, a meno di una decisa inversione di rotta.

Rimugino sul tema mentre riempio, assieme a

mio marito Jacques, gli scatoloni del nostro imminente trasloco, in un torrido week-end di inizio estate. Forse per questo attira la mia attenzione un libro comprato anni fa e, come spesso accade, dimenticato sullo scaffale. Si intitola *The Athena Doctrine. How Women (and the Men Who Think Like Them) Will Rule the Future*. Gli autori, John Gerzema e Michael D'Antonio, espongono i risultati di un sondaggio che hanno condotto su 64mila persone, di entrambi i sessi, in tredici Paesi. Per il 66 per cento, «il mondo sarebbe un posto migliore se gli uomini pensassero un po' di più come le donne». Che significa? Gli intervistati specificano: ragionevoli, leali, flessibili, pazienti...

La data di pubblicazione mi colpisce: nel 2013 cominciava a essere evidente che la crisi economica del 2008 sarebbe durata parecchio. E che, per uscire dalle secche, occorrevano soluzioni nuove. «Scoprimmo che c'era molta insoddisfazione non solo nei confronti del governo e dell'economia, ma per il comportamento maschile in generale» scrivono i due autori. «Sembrava che ovunque la gente si sentisse sempre più frustrata in un mondo dominato dai codici di quelli che, ai loro occhi, erano un pensiero e un atteggiamento tradizionalmente maschili: controllo, competizione, aggressività. Una mentalità in bianco e nero che ha contribuito a creare molti dei problemi che oggi viviamo, dalle guerre all'ingiustizia economica alla noncuranza di fronte ai rischi e agli scandali.»

Un sondaggio del genere, approfondito e internazionale, doveva aver fatto riflettere molti. Davvero il 66 per cento delle persone era convinto che una maggiore leadership femminile avrebbe portato più equità e fiducia, meno conflitti e corruzione? Se così tanti, in nazioni diverse, ne erano convinti, non restava che una cosa da fare.

Metterli a tacere.

Già. Perché, a quanto pare, è successo proprio questo. Il potere maschile era il bersaglio del malcontento popolare. Un movimento di pensiero mondiale, dal basso, premeva per sbarazzarsene e creare una via alternativa, con il potere in mano alle donne. Il contrattacco è stato duro e immediato: ovunque, leader autoritari hanno sfruttato emergenze e alimentato paure, per poter cavalcare l'onda di nazionalismo retrogrado, suprematismo bianco e populismo violento che avevano creato. Chi credeva in un altro mondo possibile ha dovuto battere in ritirata. E, ancora una volta, noi ci siamo ritrovate a condurre la nostra guerriglia in clandestinità.

Ma ora il vento è cambiato di nuovo.

«Le streghe sono tornate» sorrido, quasi confortata da questo vecchio slogan.

Jacques, semisommerso da una pila di saggi di geopolitica e romanzi gialli, mi getta uno sguardo perplesso. Sventolo il volume che ho in mano. È quasi sera e ci meritiamo una pausa.

«Un bicchiere di vino?»

Lui, femminista convinto, è l'autore dello storico commento, riferito agli eccessi sessuali del potente di turno: «Dovrebbe imparare a tenere il muscolo centrale nei pantaloni». Anatomicamente scorretto, ma efficace. Domando la sua opinione: non gli sembra che il dibattito politico, non solo in Italia, si sia trasformato in uno spettacolo per soli maschi, e neanche dei migliori? Nella sera di giugno, dimentichiamo gli scatoloni e ci mettiamo a discutere. Individuando tre «v» al cuore della questione – volgarità, violenza, visibilità – che sono il risultato di una virilità impotente.

Ci aspetta una lunga estate calda.

Volgarità

Mandiamo avanti veloce ed eccoci ad agosto. All'inizio del mese, le spiagge italiane all'improvviso si popolano di parlamentari in mutande: Matteo Salvini fa il deejay in uno stabilimento della riviera adriatica, Luigi Di Maio stringe mani su un lungomare del Cilento, Maria Elena Boschi posta la foto in bikini con le amiche a cui controbatte Mario Adinolfi con un primo piano del décolleté della moglie. Non che sia una novità, i giornali di gossip vivono da sempre di questo genere di scoop, diciamo, «rubati». Ma ora non c'è più bisogno nemmeno dei paparazzi, sono gli stessi rappresentanti dello Stato a mostrarsi orgogliosamente alla nazione in modalità selfie. Siamo come voi, è il messaggio. Ma chi vi ha detto che dovete essere come noi?

Pochi giorni e le cronache ci informano che uno dei suddetti maschi in mutande chiede pieni poteri per guidare il Paese. È sempre il gentiluomo dei fiori mancati. Tra lo sconcerto generale, quella che poteva sembrare una *boutade* si rivela una vera e propria crisi di governo. Il 20 agosto, assieme agli amici con cui sto passando le vacanze, ci ritroviamo davanti alla tv. E assistiamo in diretta a una seduta del Senato in cui i parlamentari urlano, ridono e applaudono come la platea di un *vaudeville*, mentre il governo cade. Il pubblico di Crozza, a teatro, tiene un contegno molto più istituzionale. Solo un dettaglio? No. La forma è sostanza e la forma della nostra democrazia e della nostra convivenza civile, di questi tempi, lascia a desiderare.

E a questo punto non c'è più niente da ridere. Il «siamo come voi» va rispedito al mittente. Non siamo affatto così e reclamiamo il diritto a rappresentanti migliori.

Violenza

La volgarità si intreccia alla violenza, nell'estate del delirio di onnipotenza populista. E a Roma, la capitale d'Italia, sede del potere, va in scena un romanzo criminale.

Nella notte di sabato 15 giugno quattro ragazzi vengono aggrediti a Trastevere da una banda di picchiatori. Le vittime indossano la maglietta dell'Associazione Cinema America, un gruppo di giovani che nel 2012 ha salvato dalla chiusura una piccola sala cinematografica romana e ora organizza proiezioni estive in varie piazze della città. Che hanno fatto di male? Sono antifascisti dichiarati. Gli aggressori, scopriranno gli inquirenti, sono legati agli ambienti neofascisti e a CasaPound.

Appena un mese dopo, nella notte del 26 luglio, una vicenda dai molti risvolti oscuri ma dalla dinamica chiara: nel cuore della Città Eterna un carabiniere viene ucciso con undici coltellate da uno studente americano. L'arma è un coltello da Marine, con una lama di diciotto centimetri.

Intanto, in Germania sono in corso le indagini sulla morte di Walter Lübcke, l'esponente politico della Cdu (il partito conservatore di Angela Merkel) noto per le sue battaglie a favore dei diritti dei migranti, assassinato in casa sua con un colpo di pistola a mezzanotte di domenica 2 giugno. Il 26 viene arrestato e confessa il quarantacinquenne Stephan Ernst, dalle esplicite simpatie e connessioni neonaziste, che ammette di aver avuto motivazioni politiche. I servizi segreti portano alla luce in tutta la Germania una rete di almeno 13mila estremisti di destra potenzialmente violenti.

Picchiatori fascisti, omicidi in nome di Hitler, armi militari americane sfoderate nelle strade: è il nostro 2019.

Un clima generale di intolleranza, soprusi e violenza che è insieme causa ed effetto di un mondo in cui una metà del cielo è in deficit di visibilità.

(In)Visibilità

Nel mondo sognato dai populisti, le donne possono scegliere. Tra sottomettersi, adeguandosi a un modello retrogrado di femminilità, oppure essere colpite per prime e più forte.

Mi sento dire spesso: «Eh, ma ormai siete dappertutto», come se fossimo una specie di epidemia.

Facciamo qualsiasi mestiere, possiamo conquistare ogni carica, in fondo. Siamo protagoniste delle pubblicità e dei film. Ma se è per questo, di immagini femminili è piena da sempre anche la pornografia. Non è la quantità a fare la visibilità. È la considerazione, è l'autorevolezza, sono i ruoli che ricopriamo.

Ricordo una delle mie prime interviste, lavoravo alla Rai di Bolzano. Avrò avuto venticinque anni ed ero appena stata assunta nella redazione locale del servizio pubblico. L'intervistato era il dirigente di una grande azienda, io ero accompagnata dalla mia troupe, un cameraman e un fonico. Non c'erano ambiguità possibili, nessun dubbio sul fatto che si trattasse di un appuntamento di lavoro. L'uomo mi venne incontro, tendendomi la mano, e chiese: «Prima di tutto: signora o signorina?». Risposi: «E lei, signore o signorino?». Impertinente, forse, ma decisa a tenere il punto. Nello sguardo dell'intervistato vibrò un po' di sorpresa, forse anche di disappunto.

Sono passati decenni e, certo, era una facezia, quasi un riflesso condizionato. Probabilmente non intendeva nulla di sconveniente, ma quella non era l'apertura giusta per il colloquio con una professionista. D'altra parte per anni, quando già ero il volto di un telegiornale in *prime time*, le persone per strada si congratulavano perché ero così brava come «presentatrice». Ci sarebbero voluti anni perché il Paese accettasse che le conduttrici di un tg non erano «annunciatrici».

Altra scena, alla Rai di Roma. Avevo un colloquio con un direttore di rete: altra stretta di mano, altro sorriso. La sua battuta d'inizio stavolta fu: «Buongiorno, che buon profumo!». Risposta, piuttosto fredda: «E lei, che profumo usa?». Fine della ricreazione, inizio della conversazione professionale.

Quest'uomo, non giovane, forse aveva solo sbagliato epoca. Di certo aveva sbagliato bersaglio. Ho deciso da ragazza di non accettare spinte di questo genere e le persone che ho incontrato nel mio lavoro lo hanno compreso rapidamente.

La vita professionale non è un gioco di seduzione. Nessuno può aspettarsi che stiamo a queste regole e noi, a nostra volta, dobbiamo rifiutarci di farlo. Altrimenti resteremo sempre invisibili: dietro il divano o sotto la scrivania.

La reale invisibilità delle donne è allo stesso tempo origine, giustificazione e scopo dei due mali che abbiamo appena menzionato: volgarità e violenza. L'invisibilità è il progetto fondamentale di una struttura sociale che, da secoli, ha stabilito che sia l'uomo a detenere il potere. Ma ormai possiamo fare a meno del mito del cacciatore, del guerriero, del conquistatore. Abbiamo forme di virilità più moderne e modelli femminili più aggiornati con cui sostituirlo.

Noi dobbiamo mostrare competenza e risultati, non gambe e scollature. E dobbiamo pretendere parità e gratificazioni, non omaggi e favori. In ogni campo – scienza, politica, economia, finanza, sport – bisogna cercare le più brave. Squarciare il velo dell'invisibilità, proiettare una luce forte sulla realtà, e mettere in campo chi può far vincere la nostra squadra. Non quella femminile, ma quella di tutti.

Vedremo

Una ciurma di maschi sbracati sta imperversando nelle stanze dei bottoni da troppo tempo, in tutto il mondo. Seminano violenza, alimentano le paranoie di una minoranza, ignorano i bisogni della maggioranza, inseguono il miraggio di un potere assoluto quanto sterile. In Italia abbiamo avuto come vicepremier uno dei più pittoreschi, non credo il più pericoloso.

Per neutralizzare questa strategia e i suoi portabandiera bisogna innanzitutto conoscerli. Poi, riportare al centro della scena gli argomenti che contano davvero. È ciò che proviamo a fare in queste pagine.

Vedremo che il problema del nostro Paese non sono quarantadue migranti sul ponte di una nave, né i giornalisti cattivi o gli intellettuali delle cosiddette élite. Sono il debito pubblico, le tasse, la disoccupazione, la fuga dei giovani talenti, la carenza di servizi indispensabili, la crescente disuguaglianza, le scuole e i ponti che crollano, il territorio che si disgrega.

Vedremo che il problema del pianeta non è il complotto dei poteri forti o dei rettiliani ma la catastrofe ambientale, la violenza alimentata dal suprematismo bianco, le derive del capitalismo globale, la corruzione.

Vedremo che per affrontare questi temi ci vuole una leadership femminile che ovunque, infatti, comincia a emergere. Anche perché sappiamo fare più di una cosa alla volta.

Intanto, avremmo una modesta preghiera per governanti molto macho ma poco efficaci: mentre mi difendi dallo straniero, aiutami a prendermi cura di mio padre con l'Alzheimer di cui si sta occupando una signora moldava, e di mio figlio affidato a una studentessa che viene dall'Ecuador. Per un giorno che passi a pattugliare i sacri confini, passane un altro ad assicurarti che io possa andare al lavoro con buoni mezzi pubblici e che l'aria della mia città sia respirabile. Dopo il bagno di folla al comizio, perdi un paio di pomeriggi a studiare un sistema sanitario capace di curarmi se mi ammalo. E se proprio non ce la fai a comprarmi i fiori, almeno carica la lavatrice.

1

Troppo testosterone

Una battaglia navale. Alla fine del giugno più caldo della storia, un duello nel Mediterraneo è il primo segnale che quest'anno non si va in vacanza. Perché è la barca della convivenza civile, quella che sta affondando.

La *Sea-Watch 3* è una nave adibita al cosiddetto «Search and Rescue», il soccorso ai vascelli che trasportano persone attraverso il Mediterraneo. Ogni missione ha il suo comandante e per quella di giugno è al timone Carola Rackete: una tedesca trentunenne, colta, ecologicamente impegnata e con i capelli rasta. Il 12 giugno, recupera da un gommone in difficoltà cinquantatré migranti partiti dalla Libia e fa rotta verso il più vicino porto sicuro, che è Lampedusa. Una decina di passeggeri vengono subito condotti a terra per ragioni sanitarie, quarantadue rimangono ammassati sul ponte, al largo dell'isola, in attesa del permesso di sbarcare. E comincia lo spettacolo. «I porti sono chiusi» tuona Salvini con il suo consueto mantra. Intima alla «figlia di papà» tedesca di portare i migranti altrove. Non è casuale l'appello alla figura paterna: stia al suo posto, sottomessa all'autorità maschile.

Lei, al suo posto, non ci sta. Passano i giorni, le condizioni degli esseri umani di cui è responsabile si aggravano, e le uniche risposte che riceve dal governo italiano sono insulti sui social. Salvini le dà della «sbruffoncella», «criminale», «pirata», «comunista ricca e viziata», e a ogni post seguono migliaia di commenti dei suoi follower con la bava alla bocca. Tra le esternazioni dell'allora ministro dell'Interno, su Facebook: «Useremo ogni mezzo legalmente lecito e necessario per fermare questa vergogna. Non darò l'autorizzazione allo sbarco a nessuno, mi sono rotto le palle!». Il linguaggio delle istituzioni, come il coraggio di don Abbondio, se uno non ce l'ha non se lo può dare. O forse potrebbe? Ma è più facile trovare uno slogan che trovare una soluzione intelligente al più vasto fenomeno migratorio dal dopoguerra.

Dopo due settimane di tira e molla, nella notte del 29 giugno Carola Rackete decide di entrare in porto con una manovra pericolosa, rischiando di speronare una motovedetta della Guardia di finanza. A Lampedusa, le persone scendono dalla nave e sono prese in carico dai servizi sanitari, mentre la capitana viene fatta sbarcare circondata da un cordone di forze dell'ordine. Sul molo, trova un comitato d'accoglienza composto da diversi giornalisti e da una folla isterica che le grida: «Vergogna!». Sui social, si intensificano le offese, le minacce, le volgarità sessiste. La più frequente è anche la meno originale: chissà con quanti di questi stalloni neri si sarà accoppiata la giovane donna bianca che non porta il reggiseno (come prontamente documentato da alcuni media). Più che di ansia per la difesa dei confini, da parte dei commentatori sembra trattarsi di ansia da prestazione. Portata fino agli eccessi più inaccettabili, nella forma e nel contenuto.

Gli italiani, almeno una parte, apprezzano lo show: la Lega sale nei sondaggi di ben 4 punti rispetto alle elezioni europee, arrivando in vista del 40 per cento. Il Paese si divide e digrigna i denti.

Il duello continua sotto i riflettori del mondo. *Capitan Europa*, titola il settimanale tedesco «Der Spiegel» sotto la foto di Rackete in copertina. Lo scrittore Mario Vargas Llosa la candida addirittura al Nobel per la Pace. Lo scontro intanto si sposta nei tribunali, si cerca di decidere se la capitana abbia violato le leggi italiane. Lei annuncia che querelerà Salvini per diffamazione (e infatti il 5 settembre lui sarà iscritto nel registro degli indagati): insulti e istigazioni a delinquere, dice Carola, si pagano. Ci mancava pure la denuncia della «zecca tedesca», commenta il querelato facendo la vittima. E facendomi rabbrividire, perché il paragone tra esseri umani e parassiti ha un'eco estremamente inquietante nella storia recente d'Europa: lo usavano i nazisti per riferirsi agli ebrei.

La guerra alle donne

Non è la prima nave che sbarca migranti a Lampedusa, tutt'altro, ma un simile accanimento di Salvini e dei suoi mastini da tastiera non si era mai visto. La ragione per scatenare questa bufera senza precedenti, però, è presto detta: funziona. La battaglia contro una donna genera consenso, presso un certo target.

La conferma arriva circa un mese più tardi, quando per diciannove giorni viene bloccata sempre al largo di Lampedusa – e poi ovviamente sbloccata dopo l'ennesima figuraccia internazionale – la nave *Open Arms*, di una Ong spagnola, che porta centosessanta migranti. Alla vigilia di Ferragosto, Luciana Littizzetto lancia un appello: «Fateli scendere». Il post viene ripreso dai social ufficiali di Salvini, insieme alla domanda retorica: «Secondo voi, quanti ne ospiterà a casa sua?». In poche ore, oltre diecimila disgustosi commenti: una violenza squadrista inaudita. Fra i commentatori prevale ancora una volta l'ingiuria a sfondo sessuale, basata sui presunti centimetri in più degli uomini di colore. Tra le commentatrici invece domina l'argomento – chiamiamolo così – estetico, l'accusa alla vittima designata di essere grassa, brutta, indesiderabile.

In difesa di Luciana Littizzetto si alza subito la voce di un'intellettuale tra le più attive nell'opposizione al sessismo: Michela Murgia. Anche lei è già stata più volte additata all'odio dal solito Salvini, sempre con la medesima regia. Ha riservato a Murgia, in quanto scrittrice, quello che per lui è un marchio d'infamia, «intellettuale snob e radical chic», un epiteto che ormai viene scagliato un po' a caso contro chiunque sappia coniugare i verbi al congiuntivo. Peccato che con una magistrale «sinossi dei curriculum» lei abbia mostrato chi è il privilegiato. È bastato elencare i mestieri sottopagati che Murgia ha fatto per vivere (cameriera, insegnante precaria, operatrice di call center, portiere di notte) e quelli prestigiosi che intanto faceva Salvini (consigliere comunale, giornalista di una testata di partito pagata con sovvenzioni statali, parlamentare europeo).

«Tra noi due è lei quello che non sa di cosa parla quando parla di vita vera, di problemi e di lavoro, dato che passa gran tempo a scaldare la sedia negli studi televisivi, travestirsi da esponente delle forze dell'ordine e far selfie per i social network a dispetto del delicatissimo incarico che ricopre a spese dei contribuenti. Lasci stare il telefonino e si metta finalmente a fare il ministro, invece che l'assaggiatore alle sagre. Io lavoro da quando avevo quattordici anni e non mi faccio dare lezioni di realtà da un uomo che è salito su una ruspa in vita sua solo quando ha avuto davanti una telecamera» ha concluso la scrittrice. Anche questo scambio di opinioni, avvenuto in aprile, ha fatto salire la bava alla bocca ai soliti ignoti. Nei commenti ai post di Salvini, le consuete contumelie tra cui l'evergreen: è frustrata perché non fa sesso (e giù piacevolezze sull'aspetto fisico).

Il 30 agosto, il giorno in cui Giuseppe Conte riceve l'incarico di formare il nuovo governo, Michela Murgia elenca in un post gli attacchi ricevuti nel periodo dei giallo-verdi al potere. «Sono sui social da undici anni, ma quello che mi sono sentita dire negli ultimi quattordici mesi non ha precedenti» commenta, mettendo il dito nella piaga del «processo di promozione dell'insulto da bar a linguaggio istituzionale». Aggiunge: «Si chiama "*body shaming*", denigrazione del corpo, ma in realtà serve ad annichilire lo spirito. Sulle donne ha un impatto violentissimo, perché nella nostra società il corpo femminile è demanio pubblico. [...] Non so e non credo che il *body shaming* sulle donne finirà. So però che è essenziale non farsene spezzare. Per ogni "cesso" o "scrofa" che riceviamo, l'antidoto è ricordare la forza che quelle parole vorrebbero spegnere. La bellezza che sappiamo riconoscere in noi stesse è la fonte della libertà che vorrebbero negarci». Seguono, per fortuna, decine di migliaia di like.

Tre indizi (e magari fossero solo tre) fanno una prova: i populisti hanno dichiarato guerra alle donne. Gli scontri più pompati dagli strateghi social di quell'area sono quelli contro una «nemica» del «maschio alfa». Carola, Luciana, Michela sono femmine che si permettono di battersi per la diversità. Quella di genere, perché sono donne pensanti, parlanti e operanti a viso aperto. Quella culturale, perché si esprimono in favore dei migranti, del mondo LGBTQ+, degli esclusi. Attaccare loro è come consegnare un biglietto da visita all'ingresso del club più esclusivo – letteralmente – che ci sia. L'internazionale dei bifolchi.

La guerra contro i deboli

I diversi – per sesso, colore della pelle, religione, cultura – sono da millenni il capro espiatorio di ogni potere autoritario. A molti, nell'ultimo anno, sono tornate sinistramente alla memoria le leggi razziali fasciste del 1938: la crisi economica imperversava, la politica non dava risposte, la paura dilagava e, si disse, è colpa degli ebrei. Oggi, secondo l'identico copione, a rubarci il lavoro e a mettere in pericolo «le nostre donne e i nostri beni» sarebbero i migranti, i «clandestini», ed ecco fatta una legge per fermarli. È il contestato Decreto sicurezza bis, approvato ad agosto dal primo governo Conte con la fiducia in Senato. A metà settembre, Salvini, ormai fuori dal Viminale, invocherà le barricate e i referendum proprio su questi decreti, a cui il secondo governo Conte ha annunciato modifiche.

Il decreto, è bene ricordarlo, detta, fra le altre cose, regole più severe per il soccorso in mare, e sanzioni per i comandanti «ribelli» e per le Ong indisciplinate. Nella forma in cui è stato approvato ad agosto 2019, è solo un pugno battuto sul tavolo e uno spreco di tempo: è inutile, vìola la Costituzione italiana nonché convenzioni e trattati internazionali vincolanti. Ma al di là di questo, davvero è l'immigrazione l'emergenza nazionale? Guardiamo i numeri. Secondo i dati dell'Unhcr sulle migrazioni verso i Paesi del Sud Europa, da gennaio a metà settembre 2019 sono arrivati circa 67mila migranti via mare e via terra. Chi ne accoglie di più? La Grecia: 38.600. Poi viene la Spagna con quasi 20mila e terza l'Italia, 6200. Malta, con i suoi 316 chilometri quadrati di territorio, ne ha ricevuti circa 1600. Non c'è solo l'Italia in prima linea, anche se va data una pronta risposta alle paure e ai disagi di tanti cittadini italiani, vanno governati i flussi e va gestita la cruciale integrazione.

Gli sbarchi sono diminuiti, rispetto al 2018. Grazie ai blocchi navali dell'allora ministero dell'Interno italiano? Difficile sostenerlo. Gli stessi dati dell'Unhcr ci dicono che gli arrivi complessivi (in Grecia, Spagna, Italia, Malta e Cipro) sono calati dal 2015 (anno del picco con oltre un milione) già nel 2016 con oltre 373mila, poi nel 2017 con circa 185mila, al 2018 con circa 141mila. Il fenomeno si attenua, eppure l'allarme non fa che crescere. Alimentando pregiudizi, inquietudine, arroganza, comportamenti violenti a ogni livello della convivenza sociale. Non a caso, gli attacchi a sfondo razzista sono in aumento.

A settembre, con l'insediamento del nuovo governo, si ricomincerà a lavorare perché l'Europa intera trovi una soluzione al problema. Protagoniste di questo dialogo saranno anche due donne: la nuova ministra dell'Interno italiana Luciana Lamorgese e la nuova presidentessa della Commissione europea Ursula von der Leyen. A tendere una mano all'Italia saranno per prime Francia e Germania, tanto odiate dal ministro precedente. Sordi a ogni richiamo i suoi sodali del gruppo di Visegrád, il premier ungherese Viktor Orbán in testa. All'improvviso, grazie alla diplomazia e al buonsenso, una decisione condivisa apparirà un obiettivo possibile.

Purtroppo, il dibattito sul tema è ormai avvelenato da un clima di odio instancabilmente alimentato per mesi. Lo denuncia da tempo, tra gli altri, un'associazione di madri, Mamme per la pelle, nata nel novembre 2018 per fare rete tra chi ha adottato bambini di colore. Gabriella Nobile, la fondatrice, ha due figli di origine africana. Il grande, dodicenne, è bersaglio di insulti razzisti per strada; la piccola, sette anni, non dorme per il terrore di «essere rimandata in Africa». Nobile ha scritto una prima lettera aperta a Salvini nel febbraio 2018 ed è tornata sul tema nell'agosto 2019, provando con indubbio ottimismo a fare appello al suo senso di responsabilità: «Le parole hanno un peso e a ogni azione corrisponde una reazione. Gli sforzi che proviamo a fare per educare i nostri figli al rispetto degli altri vengono vanificati ogni qualvolta una persona li insulta e li denigra e ogni qualvolta lui [Salvini, NdR] non condanna pubblicamente queste azioni, ma al contrario, le esalta». Tradotto: spintonare un ragazzino sulla spiaggia e gridargli «Negro di merda» è grave. Così come lo è augurare la morte o lo stupro a una donna sui social. Un Paese in cui succedono queste cose è un Paese che non sta bene.

Non sono certo gli italiani i campioni dell'aggressione contro i «diversi». A luglio 2019, si scopre un gruppo Facebook privato di agenti di frontiera statunitensi, che sorvegliano il confine con il Messico. Creato nell'agosto 2016, conta circa 9500 membri e si descrive come un luogo in cui le guardie chiacchierano di lavoro. Niente di male, se non fosse che tra post e commenti si sprecano le oscenità xenofobe e sessiste, in cui il termine più gentile per descrivere i migranti è «subumano», e quello più cavalleresco riservato alle donne è «troia». Tra le facezie, poi, c'è un fotomontaggio che mostra la deputata Alexandria Ocasio-Cortez intenta a fare sesso orale con Trump: lui, con l'aria soddisfatta, le tiene una mano sul collo, lei è chiaramente costretta. Il testo recita: «Proprio così, puttane. Le masse si sono espresse e oggi la democrazia ha vinto». Cos'abbia a che fare la democrazia con i crimini sessuali, è un mistero della logica. È anche uno schifo.

Siccome la violenza non è mai solo verbale, i

membri di questo gruppo si distinguono per crudeltà nei confronti dei clandestini. E hanno la più bassa percentuale femminile rispetto a qualunque altro corpo di polizia federale. La misoginia è causa e conseguenza della volgarità e della violenza, non solo da noi.

La guerra contro le opinioni

All'inizio di agosto, ricevo un messaggio da un collega che lavora per una testata locale, in Toscana. Mi racconta che ci sarà una grande festa della Lega a Massa. Non mancheranno cibo, vino, musica, danze e interventi sul federalismo, sull'Europa, e naturalmente sull'islam e sull'immigrazione. Fin qui, è la solita sagra politica. Ma come viene pubblicizzato l'evento? Con un vecchio slogan: «Lui (o lei) non ci sarà» accompagnato dalle foto di bestie nere dell'informazione tra cui Fabio Fazio, Gad Lerner, Roberto Saviano. Neanche a dirlo, ho l'onore di essere tra questi «impresentabili». Tutti presenti in video, però, dato che durante queste serate vengono proiettati spezzoni degli interventi di Salvini alle trasmissioni «non allineate», tra cui la mia. Si invita implicitamente il pubblico a non risparmiare scherno e minacce. Inutile stupirsi quando, a settembre, al tradizionale raduno leghista di Pontida, alcuni militanti aggrediranno Gad Lerner al grido di: «Non sei italiano, sei ebreo». E un giornalista de «la Repubblica» si vedrà rompere la telecamera con un pugno.

L'insofferenza verso la stampa libera non è una grande novità. È una tendenza, spiacevole, che dura da anni. Silvio Berlusconi imponeva editti bulgari per ripulire le trasmissioni Rai dai propri «nemici». Matteo Renzi imperversava alla Leopolda contro «i dieci titoli più inappropriati» pubblicati sui quotidiani. Beppe Grillo sputava veleno da qualunque palco disponibile, invitando i lettori del suo blog al linciaggio mediatico contro il cronista del giorno. Dopo oltre trent'anni di giornalismo, di reportage da Paesi in guerra o che opprimono le donne, gli attacchi personali sui social non mi sconvolgono granché.

Attenzione, però, perché attaccare i giornalisti e farne il bersaglio dell'ostilità popolare è tipico dei regimi totalitari.

La guerra di tutti contro tutti

Uno slogan che sentiamo ripetere di continuo dagli uomini forti al governo è: «Bisogna difendere gli onesti cittadini!». In realtà, è l'ultima delle loro preoccupazioni. Una menzogna così enorme che ci crede il mondo intero. Un inganno che sfrutta le molte paure della nostra società.

Un punto in comune dei discorsi di Trump, Putin, Orbán, Bolsonaro, Johnson, ma anche dei nostri capipopolo, è che hanno sempre qualcosa da difendere a nostro nome: il Paese, la bandiera, il futuro dei nostri figli, la famiglia, i sacri confini. Si battono per principi nobilissimi come le radici, la fede o la difesa della nostra civiltà. Ma il modo in cui lo fanno induce a dubitare della loro sincerità. Trump pensa che la miglior risposta ai massacri che avvengono nelle città americane sia mettere in circolazione ancora più mitragliatrici. Putin, che la via migliore verso la pace sociale sia imprigionare i suoi oppositori. E Salvini, che la tutela dell'ordine pubblico si possa assicurare modificando la legge sulla legittima difesa.

Sono tutte mistificazioni. Perché queste misure sono la negazione stessa del sistema democratico che ci garantisce sicurezza e libertà.

Maleducazione, prevaricazioni, insulti e spintoni nelle piazze, risse, stupri, omicidi. È vero, è un'escalation che fa paura. Ma non è il cittadino a doversi difendere: questo è il dovere dello Stato, nel rispetto delle leggi.

Nelle società democratiche moderne, sono gli individui a delegare alle istituzioni, di cui si fidano, il diritto di usare la forza e di amministrare la giustizia. Se questo legame di fiducia viene a mancare, la democrazia è a rischio. Polizia, servizi di sicurezza, esercito, tribunali: dall'efficacia della loro azione dipende l'ordine repubblicano. Quindi: tolleranza zero verso chi infrange la legge. E attenzione alle misure che erodono il potere delle istituzioni incaricate di difenderci.

In tutto il mondo, i governanti che minano in questo modo le basi della nostra convivenza si somigliano. Ed è possibile seguire, da un continente all'altro, il filo delle idee e delle strategie che li legano.

2
I machisti degli altri

In Italia abbiamo poco da puntare il dito. Abbiamo lavato in pubblico la biancheria sporca di Silvio Berlusconi, e so che l'immagine è inquietante. Non ci siamo fatti mancare feste eleganti, bunga bunga internazionali, il lettone di Putin e la nipote di Mubarak.

Poi, negli Usa, è arrivato Donald Trump, che è una categoria a sé. L'uomo più potente del mondo è stato definito «*sex offender in chief*», il criminale sessuale in capo. Il predatore supremo nell'America che si crede tanto perbene. Ma che si scopre, uno scandalo dopo l'altro, malata di sesso a partire da un presidente accusato di stupro.

What Do We Need Men For? A che ci servono gli uomini? Il volume incuriosisce fin dal titolo. Lo ha scritto una giornalista molto nota negli Stati Uniti,

E. Jean Carroll, autrice di saggi e protagonista di programmi televisivi in cui indaga i rapporti sentimentali e sessuali con tono sempre leggero e ironico. Ma in questo libro, uscito nel bel mezzo dell'estate, non scherza affatto. Sostiene che alla fine degli anni Novanta, quando era ancora solo un tycoon immobiliare a New York, Trump l'abbia stuprata in una cabina di prova di un grande magazzino. La stampa americana si è scatenata in titoli cubitali. Le accuse di Carroll hanno avuto un'eco potente in un Paese che sta scoperchiando un vero verminaio di violenze sulle donne. Uno scandalo che non investe solo Hollywood ma le università, le squadre sportive, il mondo televisivo, gli uffici delle grandi aziende.

A quanto pare, c'è un grosso problema con l'attuale leader del mondo libero. Non si tratta semplicemente di una relazione con una stagista della Casa Bianca, come nel caso di Bill Clinton, o di avventure ben note come quelle di J.F. Kennedy, tra le cui conquiste ci fu anche Marilyn Monroe. Trump è un vero e proprio aggressore sessuale, più volte recidivo, le cui azioni sono coperte dal segreto di Stato. Già una volta è finito nella trappola delle sue stesse menzogne, quando sono stati resi noti i suoi rapporti con la pornostar Stormy Daniels, che lui pagava per tacere. Ma ora c'è di peggio.

Steve Bannon è un uomo che conosce bene ogni angolo, anche i più nascosti, della vita del presidente. È lui l'eminenza grigia che si cela dietro la folgorante ascesa politica del miliardario dal ciuffo giallastro. Bannon per primo ha capito che occorreva giocare sulle frustrazioni e sulle paure del ceto medio, fiaccato dai rapidi cambiamenti sociali, economici e tecnologici. È stato Bannon a inventare slogan di successo come «*America first*» e «*Make America great again*». L'America che ha in mente è popolata di maschi bianchi, minacciati dai neri, dagli ispanici, dai musulmani, dai gay e, neanche a dirlo, dalle donne. Sul sito di notizie e opinioni di estrema destra che ha diretto per anni, Breitbart, un articolo dichiarava: «Solo i maschi bianchi, istruiti, eterosessuali e con le relazioni sociali giuste possono prendere le decisioni appropriate. Perché hanno il necessario distacco e non sono emotivi quando si tratta di affrontare i problemi».

Dopo la vittoria di Trump, l'ideologo è stato nominato suo consigliere, solo per essere cacciato in capo a sette mesi. Subito dopo si è lanciato in una vasta crociata di sostegno ai partiti nazionalisti d'Europa, tra cui la Lega di Salvini e Fratelli d'Italia di Giorgia Meloni. Cinico e manipolatore, Bannon conosce tutte le debolezze e i crimini di Trump. Nel libro *Assedio* di Michael Wolff, spiega che la Casa Bianca è ossessionata dalla prospettiva delle possibili rivelazioni delle vittime del presidente. Le loro voci, nell'ultima campagna elettorale, nel 2016, sono state tacitate o sommerse dall'euforia generale creata dal Trump Show. «Abbiamo affrontato e smentito le accuse in blocco» spiega Bannon a Wolff. «Nessuno si ricorda di loro. Io sì, però. Io mi ricordo di ciascuna di loro. Le vedo nei miei incubi!» Descrive un'aggressione sessuale del tycoon ai danni di una diciottenne, Kristin Anderson: «Ce ne sono venticinque, o trenta, ma forse anche cento o mille! E parleranno, una alla volta, ogni giorno e tutte le donne del Paese commenteranno: "Ehi, aspetta un attimo, cosa le ha fatto quel tizio? Perché sta piangendo?"».

La volgarità uccide

Le storie d'alcova, le avventure e le violenze sessuali di Trump non mi interessano certo per voyeurismo. Il punto è che il modo in cui questi personaggi si comportano con le donne è lo specchio del loro atteggiamento verso la società. Il rapporto con l'altro sesso non è una questione privata, un dettaglio che esula dagli affari di Stato. I maschi di potere che molestano o violentano le donne, certi della propria impunità, si comporteranno nella stessa maniera con gli elettori e i cittadini.

Questo è un nodo irrisolto al centro della nostra cultura politica. La misoginia crea un ambiente nel quale prosperano gli uomini aggressivi. Costruisce una pericolosa rete di complicità tra chi compie il sopruso e chi lo tollera. Una complicità che è più preziosa dell'appartenenza di partito, come fattore di mobilitazione.

Trump non è un pericolo solo per le donne. Il suo mix esplosivo di volgarità e veleno incoraggia l'aggressione, non solo verbale. Giustifica i suprematisti bianchi che da anni tessono le loro reti in un'America martoriata da conflitti senza fine: dalla guerra permanente contro il terrorismo, a massacri agghiaccianti come quelli di El Paso o di Dayton.

Sabato 3 agosto a El Paso, in Texas, un giovane bianco venuto da Dallas apre il fuoco dentro un grande magazzino uccidendo ventidue persone e ferendone un'altra trentina. Si chiama Patrick Crusius, viene arrestato dalla polizia. In un messaggio postato online diciannove minuti prima della carneficina, Crusius aveva inveito contro «l'invasione ispanica» in Texas.

Passano poche ore e a Dayton, Ohio, un altro giovane bianco, il ventiquattrenne Connor Betts, svuota il caricatore della sua AR-15 in mezzo alla folla di una strada del centro città. Muoiono nove persone e ventisette rimangono ferite prima che si riesca a fermarlo.

La reazione di Donald Trump è un tweet. «Non possiamo lasciare che le vittime di El Paso e di Dayton siano morte o siano state gravemente ferite invano. Non possiamo dimenticarle, né dimenticare tutti quelli che sono caduti prima di loro. Repubblicani e Democratici devono unirsi per pretendere un sistema di controllo preventivo» scrive, riferendosi alla vendita delle armi. Di proibire questo commercio però non si parla nemmeno, sarebbe una proposta inaccettabile per la potente lobby delle armi statunitense, la National Rifle Association, che lo sostiene. Il tweet presidenziale prosegue: «… forse si potrebbero abbinare queste misure a una riforma dell'immigrazione, di cui abbiamo un gran bisogno».

Manipolare due sanguinose tragedie per far passare la propaganda contro i migranti è vergognoso. Come se fossero loro i responsabili della pazzia criminale di chi spara su una folla di innocenti. Trump da mesi parla dell'«invasione» proveniente da Sud, che minaccia l'America, ripete che bisogna costruire muri, manda l'esercito sulla frontiera con il Messico, apre campi di prigionia in cui rinchiudere le persone che passano clandestinamente il confine, e consiglia di sparare a vista su chi cerca di attraversare il

Rio Grande. Ha fatto dell'immigrazione l'elemento centrale della sua politica. Alimenta le paure di una parte degli americani, che credono in ciò che suprematisti e xenofobi chiamano «la teoria della sostituzione razziale». Secondo la quale i bianchi, con i loro valori, la loro cultura, il loro stile di vita, verranno cacciati dalle proprie terre. E sostituiti dalle orde barbariche dei neri, dei musulmani, degli ispanici, composte in gran parte da assassini, stupratori, trafficanti di droga e, naturalmente, terroristi. Questo ribaltamento globale sarebbe orchestrato dalle élite di sinistra, alleate con i poteri forti della finanza tra cui grandi manipolatori ebrei come George Soros.

Quest'estate, Trump ha dimostrato che non si ferma davanti a nulla e certo non teme l'accusa di razzismo, al contrario: la porta come una medaglia. Spesso abbinata al sessismo, come un'orrenda parure.

La misoginia al potere

Tra i bersagli della violenza verbale di «The Donald» ci sono quattro deputate di colore del Partito Democratico che, elette a novembre 2018, hanno chiesto l'apertura di una procedura d'infrazione a suo carico. Il loro presidente le ha definite «antiamericane» e le ha esortate a tornare «a casa loro». Propaganda, come sempre, falsa e tendenziosa, dato che sono americane quanto lui, e «casa loro» sono gli Stati Uniti.

La più colpita è stata la deputata Ilhan Omar del Minnesota, di origini somale, e da allora, ogni volta che il presidente parla in pubblico, la folla rabbiosa dei suoi sostenitori urla «*Send her back!*», rispediscila a casa sua, e lui sorride. Le grida di odio trasformate in slogan politici, legittimati dalla maggiore autorità del Paese, sono una colonna sonora che non può lasciarci indifferenti, se teniamo alla nostra democrazia.

Come ha scritto «The Washington Post»: «Ciò che rende così orribile lo slogan "*Send her back*" è la sua genericità. Non è solo che colpisce un membro eletto del Congresso. [...] È che ha sdoganato, con drammatica forza, una forma di punizione che ora potrà essere usata contro qualunque donna non faccia la brava».

È evidente, in questi tempi travagliati, che esiste un rapporto diretto tra suprematismo bianco, razzismo e machismo. Come spiega il sociologo americano Michael Kimmel, la grande maggioranza degli estremisti di destra negli Stati Uniti ha una caratteristica in comune: sono uomini. «Il nazionalismo bianco negli Usa offre all'americano una possibilità di ripristinare la propria mascolinità.» Aderisce a questa ideologia chi ritiene di essere stato derubato di qualcosa, privato dei propri diritti, castrato. Escluso, in favore di gente che non merita certo un occhio di riguardo: migranti, omosessuali, donne.

È interessante seguire il ragionamento, che ci porta dritti in Europa, dove si potrebbe dire che Salvini è il problema minore. Abbiamo Viktor Orbán in Ungheria, Boris Johnson in Inghilterra, e a due passi da casa Recep Tayyip Erdoğan in Turchia. Apostoli di un nazionalismo esasperato. Sciovinisti, razzisti, machisti. Spacciatori di slogan, bugie, paure. Tre bravi ragazzi, insomma. Che insieme a Donald Trump, Vladimir Putin e Xi Jinping rappresentano i cosiddetti «uomini forti». Provano per l'universo femminile paternalismo, quando non ostilità. Lo si vede bene ogni volta che abbandonano per un momento la finzione del politicamente corretto e si lasciano andare a scherzi pesanti o a frasi fatte offensive. Dal «Le donne vanno prese per la figa» di Trump al «C'è una sosia della Boldrini qui sul palco» di Salvini (indicando una bambola gonfiabile), il registro verbale è quello del pub, dopo qualche birra, o mojito, di troppo. O ben peggio, come nel caso del presidente brasiliano Jair Bolsonaro, che apostofò la parlamentare Maria do Rosário con un: «Non ti stuprerei mai perché non te lo meriti». Ma non si tratta di «voce dal sen fuggita», non sono «solo parole». Perché nella realtà dei fatti le femmine sono fuori dalle stanze dei bottoni, ed è una strategia precisa.

Dalla notte dei tempi, nessun sistema politico è mai stato particolarmente generoso con noi. Ma in questo periodo di crisi acuta del capitalismo e delle società liberali, assistiamo a un deciso peggioramento. C'è chi vuole la fine del nostro modello sociale e dei nostri diritti.

Il triangolo no!

Trump è l'espressione più caricaturale della deriva anti-democratica. Da quando è al potere, si consulta con il Congresso il minimo indispensabile, comanda a colpi di ordini presidenziali e annuncia le proprie decisioni con raffiche di tweet. Spesso non avvisa nemmeno i suoi più stretti collaboratori. Non è accusato «solo» di stupro, ma anche di menzogna, corruzione di magistrati, collusione con oligarchi russi. In breve, è il presidente con più guai giudiziari della storia americana. Alcuni di essi riguardano contatti molto compromettenti con Vladimir Putin e il suo entourage. Un problema che affligge anche la Lega di Salvini.

Senza voler sembrare complottisti, l'ormai famoso audio dell'incontro del 18 ottobre 2018 all'hotel Metropol tra Gianluca Savoini (amico e collaboratore di Matteo Salvini) e alcuni russi legati a Putin è stato svelato pochi giorni dopo la visita ufficiale di quest'ultimo a Roma, il 4 luglio 2019. L'indagine della procura di Milano per corruzione internazionale è in corso. L'audio è stato pubblicato da un sito americano, BuzzFeed News. Lo stesso che, nel 2016, divulgò il famoso «dossier Steele», dal nome di un ex agente dei servizi segreti britannici, secondo il quale Trump sarebbe stato incastrato usando filmati delle sue prodezze con certe prostitute in un albergo di Mosca.

Sono spregiudicati giochi di potere, stratagemmi usati per fare e disfare le carriere politiche. Ma possono mettere in pericolo la sicurezza di uno Stato.

Il motivo dell'allarme scatenato dai passi falsi verso Est dei leader, a Washington come a Roma, è che tra gli «uomini forti» d'Europa Putin è di gran lunga il più pericoloso.

Leggiamo le sue stesse parole in un'intervista rilasciata al «Financial Times», il 1° luglio, alla vigilia della breve visita romana. Afferma che «l'idea liberale» ha «fatto il suo tempo». «I liberali non possono semplicemente dare ordini a chiunque, come hanno tentato di fare negli ultimi decenni» dichiara.

«Questa idea liberale presuppone che non si debba fare nulla. Che i migranti possano uccidere, stuprare e saccheggiare impunemente solo perché i loro diritti in quanto migranti devono essere tutelati.» E aggiunge, scomodando addirittura Dostoevskij: «Per ogni delitto deve esserci un castigo. L'idea liberale è ormai obsoleta. È in contrasto con gli interessi della stragrande maggioranza della popolazione». Commenta il «Financial Times»: «L'analisi che Mr Putin fa del liberalismo – l'ideologia dominante in Occidente dalla fine della Seconda guerra mondiale nel 1945 – echeggia quelle dei leader anti-establishment, dal presidente Usa Donald Trump all'ungherese Viktor Orbán, a Matteo Salvini in Italia, e nel Regno Unito ai ribelli della Brexit».

Queste dichiarazioni ci portano al cuore del problema: sono la sfida che i campioni del testosterone lanciano alle società libere.

Vladimir Putin è mosso da un desiderio di vendetta contro l'Occidente che ha distrutto la potenza dell'Urss e ignorato gli interessi vitali della Russia post-sovietica. Il fallimento delle democrazie liberali è il suo obiettivo. Le sue armi: il ricatto, la corruzione e l'eliminazione fisica degli avversari.

Donald Trump è il prodotto puro di un'economia di mercato iper-liberista, degli eccessi del capitalismo finanziario. Il suo obiettivo è sbarazzarsi del ruolo di regolamentazione e protezione svolto dallo Stato. Le sue armi sono la menzogna, la delegittimazione degli oppositori e l'aumento delle tensioni sociali.

L'Europa si trova in mezzo. È il vero nemico di ogni aspirante tiranno, perché è l'unica esperienza multinazionale riuscita di cooperazione politica, economica e culturale. Al centro del progetto europeo c'è la difesa delle libertà individuali, incluse quelle femminili che sono continuamente minacciate. Indebolire l'Unione, come è nei piani di diversi leader populisti del continente, è la strategia centrale di un progetto liberticida.

Leggendo le cronache, le forze del machismo possono sembrare soverchianti. Ma in molti campi si notano segnali di un'inversione di tendenza. Tanto per cominciare, gli uomini forti non hanno avuto una gran bella estate.

Arrivano le nostre

Nell'estate 2019, a Mosca, una serie di manifestazioni ha portato in piazza il malcontento della popolazione dopo vent'anni di regime autoritario e corrotto. I contestatori hanno chiesto in primo luogo la liberazione di una giornalista incarcerata con la falsa accusa di detenzione di droga. E hanno protestato contro i brogli durante le elezioni amministrative nella capitale. Le icone di questa sollevazione sono le ragazze. Le immagini dell'arresto di Lyubov Sobol, avvocata trentaduenne, militante per i diritti politici, sono diventate subito virali. Altrettanto quelle di Olga Misik, una studentessa diciassettenne che si è seduta per terra davanti ai poliziotti in tenuta anti-sommossa, e ha letto gli articoli della Costituzione russa che autorizzano le manifestazioni pacifiche.

Bersaglio di tutta questa collera è Putin. È al potere dal 1999 e sta cercando di prolungare il suo regno anche dopo la fine del suo mandato attuale, nel 2024. I benefici della stabilità politica che lui incarna, e della riconquistata influenza russa negli affari internazionali, non sono avvertiti dalla maggioranza dei suoi cittadini. Le risorse naturali del Paese – petrolio, gas, diamanti – sono in mano a pochi oligarchi legati al presidente. Lui e i suoi compari hanno accumulato immense fortune, mentre quasi venti milioni di loro connazionali vivono sotto la soglia della povertà.

Per decenni Putin ha giocato in modo esplicito sull'immagine dell'«uomo da copertina». Ha posato a cavallo, a caccia, in divisa da judo, intento a giocare a hockey su ghiaccio o a tirare al bersaglio. Ha virilmente gettato a terra la camicia per mostrarsi a torso nudo. Mentre quest'estate i manifestanti affrontavano la polizia, se n'è andato in Crimea, a fare un giro in moto nel territorio riannesso a forza alla Russia nel 2014. Giacca di pelle, Ural con sidecar, selfie con i Night Wolves, un gruppo di biker ultranazionalisti. Ma con il testosterone non si mangia e i russi sono stufi.

Nelle stesse settimane, a Hong Kong si sono riversati in strada decine di migliaia di manifestanti contro il potere cinese. Una mobilitazione mai vista da quando, con la fine del protettorato britannico nel 1997, quel territorio è tornato sotto il tallone di Pechino. Per il presidente cinese Xi Jinping è una sfida senza precedenti, sotto gli occhi del mondo intero.

Su «The New York Times» ho letto un resoconto molto documentato sulle debolezze nascoste del colosso asiatico. Il governo di Xi Jinping, il capo politico cinese più potente dai tempi di Mao, rimette in discussione i pilastri stessi del regime comunista. Il partito ha rinnegato il principio della parità di genere. Di fronte all'invecchiamento della popolazione ha avviato una politica di sostegno alle nascite, ma a spese delle madri. Basta con l'obbligo del figlio unico: le cinesi devono fare più bambini. Peccato che, intanto, le aziende rifiutino di assumere le giovani senza figli per paura di doversi far carico dei congedi di maternità, che sono di quattordici settimane mentre quelli di paternità soltanto di due. La professoressa Wang Zheng, studiosa presso l'Istituto di ricerca sulle donne e le differenze di genere dell'Università del Michigan, spiega: «Quando i politici avevano bisogno di braccia femminili, le hanno mandate al lavoro, ora vogliono spingerle al matrimonio e a fare una nidiata di bambini».

Sono lontani i tempi in cui Mao mobilitava «l'altra metà del cielo». Una trentina d'anni dopo, quando la Cina si è aperta all'economia di mercato, le differenze salariali tra i generi erano del 20 per cento. Oggi sono in media del 40. Nell'indice mondiale della parità pubblicato dal World Economic Forum, la Cina, che nel 2008 era al 57° posto, è piombata al numero 103 su 139 Paesi considerati. E mentre negli anni Novanta lavorava il 75 per cento delle donne, oggi sono soltanto il 60. Come scrive «The New York Times»: «Rompendo con l'ambizione marxista di liberare le donne dall'oppressione patriarcale, il presidente Xi le ha chiamate a "farsi carico della responsabilità della cura dei vecchi e dei giovani, e dell'educazione dei bambini"». Ma le cinesi non ci stanno e in silenzio si ribellano. Il tasso di natalità, infatti, è il più basso da settant'anni. Non solo non fanno figli, si sbarazzano anche dei mariti: il 50 per cento delle coppie si separa e la maggioranza delle istanze di divorzio è avanzata dalle mogli.

C'è una donna anche dietro allo scacco subito di recente da un leader ben più vicino a noi: il presidente turco Recep Tayyip Erdoğan. L'ho conosciuto di persona, a Istanbul, nel luglio 2007. Stavo scrivendo *Figlie dell'Islam* e lui era primo ministro, eravamo alla vigilia delle elezioni politiche che lo avrebbero riconfermato con una valanga di voti dopo il primo mandato. Dal palco dell'ultimo grande comizio, mentre arringava una massa popolare guardato a vista dai suoi uomini bene armati, ho potuto misurare la sua popolarità e quella del suo partito, l'Akp (il Partito della giustizia e dello sviluppo). Nella nostra conversazione è stato sorridente, cortese, calcolatore: il perfetto capo di Stato che sa come trattare con la stampa. Però, dopo essere diventato presidente, nel 2014, ha cambiato registro. I giornalisti li getta in prigione, assieme agli oppositori politici e a ogni voce di dissenso.

Ma alla fine di giugno il suo partito ha subito una sconfitta importante alle municipali di Istanbul. La vittoria è andata al candidato dell'opposizione, Ekrem İmamoğlu del Chp (Partito popolare repubblicano). La stampa internazionale ha parlato di «umiliazione» del presidente e persino di «inizio della fine» per il suo regime autocratico. La principale artefice di questa vittoria è una donna: Canan Kaftancıoğlu, responsabile regionale del Chp. Accusata di «insulti» al capo dello Stato, il 6 settembre 2019 è stata condannata in primo grado a oltre nove anni di carcere e ora si attende l'appello. Le è stato chiesto qual è la vera ragione per cui si trova sotto processo. «Perché lui ha perso e noi abbiamo vinto» ha risposto. «Perché sono una donna, e i maschi misogini hanno paura delle donne.»

Non solo in Turchia. Non solo in politica. I campi di gioco sono molti di più.

3
L'altra metà del campo

Paura, eh? È l'unico commento possibile all'indecorosa cagnara scatenatasi intorno ai Mondiali di calcio femminile, all'inizio dell'estate 2019. Si sono tenuti in Francia, non in Arabia Saudita, eppure hanno mostrato quanto è strano, anche da noi, avere delle donne in campo. Che vincono.

Il bersaglio principale della furia dei social, ma anche di alcuni commentatori, è stata Sara Gama, la capitana della nostra nazionale femminile. Trentenne, è nata in Friuli-Venezia Giulia ed è italiana quanto me, ma poiché la madre è triestina e il padre congolese ha la pelle scura. E il machismo si è subito tinto di razzismo: come può essere una nostra compatriota? Che vergogna mettere un'«africana» in prima linea nella nostra squadra nazionale! Non è italiana, non ne ha i tratti, non ha i cromosomi. Dubito che, se interrogato, chi scrive bestialità del genere saprebbe spiegare cos'è un cromosoma, men che meno cosa sia un «cromosoma italiano». Bisognerebbe però informare i cavalieri bianchi della purezza italica che, dal 1993, nel nostro Paese esiste una legge che punisce «gesti, azioni e slogan» razzisti e discriminatori, in particolare quelli che si richiamano al nazifascismo. Purtroppo è già difficile applicarla in modo rigoroso al tifo negli stadi. Figurarsi punire chi attacca sui social, nascosto dietro meschini pseudonimi.

Non sono solo commenti da bar. A quanto pare anche alcuni giornalisti si sentono sicuri che insultare gratuitamente le donne sia un buon affare. Leggo su «Il Foglio» che si tratterebbe di uno sport «contronatura»: «Non avete letto che il Creatore da principio li creò maschio e femmina? E allora perché voi maschi guardate il campionato di calcio femminile? Che poi, oltre a disgustare Cristo, mancate di rispetto verso voi stessi. [...] Non state sostenendo un gioco innocente, cari amici. In Francia non si stanno giocando i Mondiali di calcio femminile bensì i Mondiali del livellamento sessuale». Più che mai: paura, eh? Ventidue giovani donne che corrono dietro a una palla bastano a mettere a rischio la virilità di chi le guarda. Il pezzo si conclude con un angosciato appello: «State attenti, tifosi maschi, il pallone rosa è una tentazione, un'esca: invece di gonfiarlo, bucatelo». Suona un po' come i predicatori medievali itineranti che si aggiravano per le campagne, unti e sbrindellati, annunciando la fine del mondo. Ma noi, al contrario dei contadini dell'anno Mille, abbiamo gli strumenti per ribattere. Tranquillo, la specie umana non è in pericolo per questo.

Molto agitato anche un signore che fa le telecronache su una rete locale: «Il calcio femminile è un covo di lesbiche. È così. L'altro giorno ho visto una partita di under 13 femminile ed erano tutti maschietti, non si vedono che sono femmine. Almeno l'80, il 90 per cento delle donne che giocano sono lesbiche». E se anche il 100 per cento fossero lesbiche e il 100 per cento dei calciatori fossero gay? È con i piedi che giocano, e con la testa e con il cuore, non con gli organi riproduttivi.

Gli autori di queste e tante altre perle meritano solo l'oblio. Ma, nei giorni caldi delle partite dei Mondiali, discuto con diversi amici al di sopra di ogni sospetto, che avanzano dei distinguo: «Però non è calcio vero, è molto meno appassionante». In redazione il dibattito è acceso e mi trovo a rintuzzare voci che lo definiscono «uno sport minore». È un campanello d'allarme. Persino uomini intelligenti, colti e sensibili in questo frangente non riescono a impedirsi di avere un moto di rifiuto. Invasione di campo, aiuto!

Ma a ben vedere, forse la paura è giustificata. Perché i Mondiali di calcio femminile hanno dimostrato come la volgarità e la violenza che inquinano quello maschile non siano affatto un destino inevitabile. Sono una scelta e una malattia del sistema. Sul campo sportivo si mettono in scena i valori della forza, del coraggio, dell'abnegazione, del talento individuale e della responsabilità nei confronti della squadra. Qualità maschili, così ci hanno sempre raccontato, che purtroppo hanno un lato oscuro inevitabile: la brutalità e l'ignoranza. Invece no. In Francia, in un mese di ottimo sport, ragazze venute dai quattro angoli del pianeta hanno dimostrato che si può avere il calcio senza l'offesa verbale e fisica, senza gli insulti all'arbitro, le lattine che volano, le risse sugli spalti, il vandalismo alcolico che devasta le città a inizio e fine partita.

Certo che devono dirci che è uno sport minore. Altrimenti toccherebbe dare una risposta seria alla domanda: perché non riportiamo lo stesso fair play e la stessa pulizia anche nel calcio maschile?

Non me ne intendo e non so giudicare le finezze del gesto atletico. A chi sostiene che le donne «giocano peggio», quindi, non posso dare una risposta tecnica. Però i numeri li so guardare: quelli della partecipazione e del tifo che le calciatrici sono riuscite a creare attorno a questi Mondiali. D'altra parte, se così non fosse, non avrebbero causato una simile levata di scudi da parte dei soliti sciovinisti.

Numeri da professioniste...

«Il Mondiale ha cambiato la percezione del calcio femminile in Italia» ha scritto Roberta Decarli, una mia conterranea altoatesina che tiene un blog sportivo. Cita le cifre impressionanti dell'audience: «Giocata il 29 giugno, la partita con l'Olanda ha "incollato" davanti al televisore più di 6 milioni di spettatori, ossia il 44,35 per cento delle persone che stavano guardando la tv». L'Italia in quell'occasione è stata eliminata, e in semifinale sono andate le olandesi. Il record era stato il 18 giugno, quando Italia-Brasile, andata in onda in chiaro su Rai2, aveva fatto oltre 7,3 milioni di spettatori. I match senza di noi, le semifinali e la finale, sono stati seguiti in media da 1,5 milioni di italiani.

Si tratta di un successo internazionale. La semifinale Usa-Gran Bretagna è stata vista da quasi 12 milioni di inglesi. In Francia, Paese ospitante, gli stadi si sono riempiti e milioni di telespettatori si sono messi comodi sui divani. Lo stesso negli Stati Uniti, in Brasile, ovunque. All'inizio di luglio, sul sito del Censis, leggo che le ragazze sono in corsa per riguadagnare il tempo e la visibilità perduta: «Lo sport che in Italia conta il numero maggiore di tesserati è il calcio, con 1.056.824 atleti, ma solo il 2 per cento di donne. Poche, ma in crescita».

A salutare il successo della nazionale è anche la voce autorevole del presidente della Repubblica, Sergio Mattarella. Al ritorno dalla Francia, invita le calciatrici al Quirinale per un saluto e un ringraziamento: «Ho voluto incontrarvi per farvi i complimenti, avete fatto un Mondiale fantastico. Vi ha seguito l'intero Paese, che ha bisogno di momenti di aggregazione. Non sappiamo chi vincerà ma voi il Mondiale lo avete vinto qui, in Italia. Avete conquistato l'opinione pubblica, acceso i riflettori».

È un inizio. Ma la discriminazione è una ferita da sanare anche nell'ambiente sportivo. Dove, davanti alla legge, i maschi sono più uguali degli altri.

... ma contratti da dilettanti

Il professionismo sportivo è regolato in Italia da una norma del 1981, che affida al Coni, assieme alle singole federazioni degli sport, il compito di decidere quali discipline siano «professionistiche» e quali no. Per una questione di costi, queste ultime sono quindi una minoranza, e comunque solo maschili. Già è grave che molti campioni siano tecnicamente «dilettanti». Lo è molto di più che nessuna possa essere riconosciuta (e pagata) come professionista sportiva in Italia.

Non è una questione di titoli, ma di tutele: assistenza sanitaria, pensione, assicurazione in casi di infortunio o, dettaglio non da poco nel Paese che ci accusa di non fare abbastanza figli, gravidanza. Nei trentotto anni passati da quella legge, il Coni non ha ritenuto necessario occuparsi del tema, nonostante appelli, petizioni, polemiche. Nel 2000 è stata fondata per cercare di rimediare a questa vergogna nazionale un'associazione, Assist. La presidentessa, Luisa Rizzitelli, ha spiegato in un'intervista che il compito di mettere una pezza su questa ferita democratica è delegato ai militari. Sono loro, infatti, a offrire un contratto di lavoro alle atlete: garanzie in cambio di prestigio. «Non è un caso se una marea di medaglie, nello sport italiano, arriva da lì: quando un corpo militare ti assume, diventi un lavoratore a tempo indeterminato, hai uno stipendio, una tredicesima, la maternità, accumuli contributi.»

L'allenatrice della nazionale, Milena Bertolini,

ha colto l'occasione della visita al capo dello Stato per porre la questione ai più alti livelli, e in un'intervista al «Corriere della Sera» spiega: «Mi sono rivolta al presidente, come massima carica istituzionale: bisogna vigilare perché non ci si scordi di queste ragazze. Capisco che servano i tempi tecnici. Ci diamo qualche mese? Un anno? Ma poi deve arrivare». Mattarella ha pronunciato parole incoraggianti: «Non posso non sottolineare la differenza del tutto inaccettabile e irrazionale col calcio maschile, il calcio femminile ha dimostrato di aver raggiunto qualità tecniche senza il ricorso, vorrei aggiungere, a simulazioni e scelte meno sportive». Ma il presidente del Coni, Giovanni Malagò, intervistato sull'argomento da Radio anch'io, ha spostato il problema: sono le regole nel loro complesso che vanno cambiate. «Dal primo giorno ho sostenuto che è indispensabile riconoscere il professionismo alle ragazze. Ma non posso pensare che valga solo per le ragazze del calcio» ha dichiarato. D'accordo, ma siccome il sistema a quanto pare non si può permettere, per ora, di riconoscere lo status di professionisti a tutti e a tutte, cominciamo con «le ragazze del calcio». Sarà comunque un segnale importante, dato che in questo sport la disparità di trattamento salta agli occhi in maniera scandalosa.

Il compenso di una calciatrice di serie A in Italia può arrivare a circa 30mila euro lordi a stagione, più qualche rimborso spese. La media è ben più bassa, circa 15mila, e in serie B giocano gratis o per gettoni di poche centinaia di euro.Gli ingaggi dei colleghi maschi di pari livello li conosciamo tutti e questo divario è insultante. La risposta (in genere data in modo paternalistico): lo sport femminile attira un pubblico molto meno numeroso, sponsor meno danarosi, fa girare meno soldi dunque è giusto che le sue protagoniste siano pagate meno. Un'altra prova che la conquista della visibilità, per le donne, è sempre una questione economica. E anche la prova che l'ondata di violenza sciovinista a cui abbiamo assistito quest'estate non è questione né di purezza, né di dettami biblici, né di tecnica di gioco e neppure di difesa della virilità. È come sempre una questione di soldi. È paura della concorrenza. Se le donne cominciano a farsi vedere, cominceranno ad attrarre più risorse. E i maschi si stanno facendo i conti in tasca. Paura, eh?

Equal pay: una partita mondiale

La battaglia per la parità di genere nelle retribuzioni tra sportivi e sportive non conosce confini. Da anni ne è capofila una delle calciatrici più forti del mondo, la norvegese Ada Hegerberg. Dal 2017 rifiuta di entrare nella nazionale del suo Paese in segno di protesta contro le disparità di trattamento. E un'altra paladina di questa causa è la trionfatrice del Mondiale femminile 2019, Megan Rapinoe, la capitana della nazionale statunitense. È stata protagonista, nell'estate calda del machismo, di un altro duello tra un «uomo forte» e la donna che alla fine si è dimostrata più forte di lui.

Il 25 giugno, viene diffuso un video di Megan girato qualche settimana prima dell'inizio dei Mondiali. L'americana ha già portato una volta la sua squadra alla vittoria, nel 2015, e alla vigilia della partenza per la Francia spiega che è ben decisa a conservare il titolo. Lo sguardo è serio e diretto sotto il ciuffo di capelli tinti di bianco e rosa. Va in Europa per vincere, non per turismo. Il giornalista le chiede se, in caso di trionfo, conta di essere invitata alla Casa Bianca: è la tradizione, negli Stati Uniti come da noi. La risposta: «*I am not going to the fucking White House*». Non se ne parla di andare in quella Casa Bianca di merda. E aggiunge: «In ogni modo, non saremo invitate». Un po' forte? Sì, e sarebbe sempre meglio non scendere al livello dei propri interlocutori. Ma Rapinoe, che non è alle prime armi né nel calcio né nello scontro politico, voleva tirare una cannonata contro Trump e l'ha fatto.

La risposta arriva nel giro di poche ore. Alle 7.42 del 26 giugno, il presidente si esprime con tweet furibondi. «Prima di parlare deve vincere. Finisca il suo lavoro!» Poi: «Non abbiamo ancora invitato Megan o la squadra. Ma inviterò la squadra, che vinca o meno. Megan non deve mancare di rispetto al nostro Paese, alla Casa Bianca o alla nostra bandiera!». La collera è ancora maggiore perché, da quando Trump è al potere, le visite di sportivi alla Casa Bianca si sono diradate. Su una ventina di squadre che dal gennaio 2017 hanno vinto medaglie o coppe, solo la metà ha accettato di incontrarlo. Gli atleti di colore non vogliono farsi fotografare con un leader che ritengono razzista. Ci sono campioni, come Rapinoe, che rifiutano persino di cantare l'inno nazionale con la mano destra sul petto, e preferiscono appoggiare un ginocchio a terra e restare in silenzio. È un gesto diventato il simbolo della contestazione a un presidente che si esprime sempre con veemenza, tranne quando si tratta di condannare la violenza dei suprematisti bianchi e della polizia verso la comunità di colore.

Serve ben altro che i rabbiosi tweet di Trump per impressionare la capitana coraggiosa. Giovedì 27 giugno, in una conferenza stampa, ha una nuova occasione di sfida. «Non ritiro nulla del mio rifiuto di andare alla Casa Bianca. Salvo la volgarità» dichiara.

Megan è omosessuale. Vive con una giocatrice di pallacanestro, Sue Bird. Non ne fa mistero, al contrario, è un'attivista per i diritti delle donne, della comunità LGBTQ+ e delle persone di colore. È chiaro che non può esserci dialogo con chi si vanta di poter fare di ogni donna ciò che vuole.

Il braccio di ferro tra Rapinoe e Trump finisce in gloria per la capitana. Il 28 giugno, la sua squadra batte la Francia 2 a 1, poi l'Inghilterra, di nuovo 2 a 1, e infine l'Olanda, 2 a 0, e porta a casa il Mondiale. È Megan a segnare, al 61° minuto. Trump è obbligato a salutare il risultato con un laconico: «L'America è fiera di voi».

È più di una vittoria politica. È una lezione per l'aggressore sessuale in capo. E un punto segnato per tutte. A margine di un'intervista con la capitana, «The Guardian» commenterà: «Uno degli aspetti più deliziosi della battaglia di Rapinoe contro il presidente è stato vederlo incepparsi sotto il peso delle sue stesse contraddizioni. "Noi siamo tutto ciò che gli piace" dice Rapinoe, intendendo gli sportivi, i vincitori, il Team America, "con l'eccezione che siamo donne forti e potenti. E per lui è stata dura, si vede bene in quella serie di tweet: ci odi, ci ami, vuoi che veniamo alla Casa Bianca e ci minacci, tutto allo stesso tempo"».

Il 10 luglio, a New York, Megan, capelli rosa al vento, sfila con la sua squadra per festeggiare la vittoria tra due ali di folla. Non mancano i cartelli che la invitano a candidarsi alle presidenziali del 2020. E gli slogan che riprendono il messaggio centrale della sua battaglia: «*Equal pay!*». «The New York Times» commenta: «La squadra di calcio femminile degli Stati Uniti ha riproposto, dolorosamente, un copione vecchio di decenni. Diciamo alle bambine di inseguire i loro sogni, di dare il massimo, finché non diventano donne e si aspettano di essere pagate per farlo. A marzo, ventotto giocatrici della nazionale hanno querelato la Federazione calcio degli Stati Uniti, sostenendo che vengono pagate meno, giocano in condizioni peggiori e le loro partite sono promosse poco, rispetto alla squadra maschile. Se entrambe le formazioni disputassero, e vincessero, lo stesso numero di amichevoli in un anno, secondo l'accusa, le femmine guadagnerebbero al massimo 99mila dollari. I maschi in media 263.320».

Una questione di spettatori? Vero. Più persone guardano gli sport maschili. Ma questo non succede perché sono migliori. Succede perché il sistema, tanto per cambiare, è creato da uomini per gli uomini. Se non investiamo nel calcio femminile perché «tanto al pubblico non interessa», la profezia si autoavvera, e lo stesso vale per le altre discipline. Il 40 per cento delle atlete sono donne ma ricevono il 4 per cento di attenzione mediatica. Dal 2000, l'unica a conquistare la copertina di «Sports Illustrated» è stata Serena Williams. È anche l'unica quota rosa nella top 100 degli atleti più pagati. Di recente, a una conferenza stampa, una giornalista ha osato chiederle: cosa risponde a chi dice che dovrebbe concentrarsi sul tennis, anziché sulla lotta per l'*equal pay*? «Smetterò di battermi per la parità, e per le persone come lei e come me, il giorno in cui scenderò nella tomba.»

A settembre, premiata a Milano dalla Fifa come «Miglior calciatrice del 2019», Megan Rapinoe dichiarerà dal palco che il calcio ha una responsabilità sociale: «Usate questo splendido sport per cambiare davvero il mondo», è il suo messaggio contro ogni discriminazione.

Perché non si parla solo dell'Italia o dell'America, o solo di sport, ma di un'ingiustizia che colpisce metà dell'umanità. Con conseguenze e numeri sconvolgenti.

4
I numeri contano

Un'istantanea da Losanna, fine giugno 2019: l'ultima sfida tra i candidati a ospitare i Giochi olimpici e Paralimpici invernali nel 2026. Si affrontano Milano-Cortina e Stoccolma. Vince l'Italia, che si vede assegnare le seconde Olimpiadi invernali in vent'anni, dopo quelle di Torino 2006. Visibilità internazionale, investimenti, posti di lavoro, fatturato: esultano le ricche regioni ospitanti, Lombardia e Veneto.

L'istantanea è quella del discorso a due voci durante la presentazione: con empatia ed efficacia perorano la nostra causa Sofia Goggia e Michela Moioli, campionesse olimpioniche rispettivamente di discesa libera e snowboard cross, neanche cinquant'anni in due. Alcuni diranno poi che sono state loro a conquistare per l'Italia il voto degli indecisi del Comitato olimpico internazionale. In realtà, le due sportive e le loro colleghe sono state solo parte di una strategia comunicativa molto efficace.

La delegazione ufficiale italiana a Losanna, atlete a parte, era quasi esclusivamente maschile, con una sola donna, Evelina Christillin. Avrebbero dovuto parlare tutti. Marco Balich, proprietario della società di grandi eventi che ha curato la regia, intervistato sul «Corriere della Sera» dice una cosa interessante: «Abbiamo chiesto ad alcuni nostri esponenti istituzionali di accorciare il loro intervento, per lasciare spazio all'emotività e al coinvolgimento. Alcuni di loro, come Fontana [il presidente della Regione Lombardia, NdR] e il sindaco Ghedina, sono stati così sensibili da rinunciare a parlare, per lasciare spazio alla freschezza delle nostre atlete Goggia, Moioli e Fontana [la pattinatrice pluripremiata, Arianna, NdR], ma anche alla diciassettenne Elisa Confortola».

Un piccolo passo indietro, un po' di spazio al talento delle giovani. A raccogliere gli applausi per il risultato è stato soprattutto Giuseppe Sala, sindaco di Milano. Sala è un comunicatore istituzionale che si permette guizzi di originalità amati dai social. Famosa la foto con i calzini arcobaleno postata su Facebook all'inizio della settimana del Gay

Pride 2019, molto apprezzati i suoi discorsi ufficiali. Parole d'ordine: apertura, accoglienza, diversità, valori, integrazione, libertà. Quasi sempre combinate al sostantivo così spesso attribuito a Milano: efficienza. Fa piacere che i risultati positivi vengano ottenuti da chi usa questo linguaggio, però alla prossima competizione olimpionica spero di vedere un panel più equilibrato: con qualche «autorevole» e «determinata» amministratrice pubblica e qualche giovane sportivo «fresco» e «spontaneo».

Perché non vediamo il problema?

Proprio mentre a Losanna va in scena la vittoria italiana, la redazione di «7» mi inonda di lettere sul tema della parità di genere. Qualche settimana prima, nella mia rubrica di posta, ho risposto a un lettore che mi chiedeva se le donne abbiano davvero bisogno di andare sulla Luna per dimostrare il loro valore. Domanda bizzarra: perché ne avrebbero bisogno gli uomini? E comunque sì: di sottolineare il valore femminile c'è sempre bisogno, e oggi più che mai.

Da allora, i messaggi che ricevo sul tema si sono moltiplicati, e andranno avanti per mesi. Tra i molti plausi, c'è chi mi accusa di fomentare un'irragionevole e superflua guerra tra i sessi. Di dedicare troppo spazio a un tema che dopotutto non è importante, dato che la parità è praticamente raggiunta. In alcune lettere aleggia un sospetto di vittimismo, quasi a dire che la metà del cielo svantaggiata, ormai, è quella azzurra.

«Ti senti svantaggiato?» Lo chiedo a Jacques che legge seduto alla scrivania e lui, per tutta risposta, solleva il volume in cui è immerso. È un libro che ho comprato di recente ed è pieno dei miei appunti, sottolineature, punti esclamativi tracciati con l'evidenziatore. Il titolo è *Invisible Women*, della scrittrice e attivista britannica Caroline Criado Perez. È uno studio sui mille modi in cui da sempre le donne sono state «invisibili», neglette quando non oppresse, nel mondo costruito a misura d'uomo. A cominciare dall'aratro, disegnato per una struttura ossea e muscolare maschile, per finire con i più moderni gadget della tecnologia, come gli orologi high-tech troppo larghi per il polso femminile.

Pensavate, per esempio, che i manichini dei crash test per le auto fossero asessuati? Tutt'altro. Le statistiche sugli incidenti stradali dal 1960 ai giorni nostri mostrano che le donne ne hanno meno degli uomini, ma hanno il 17 per cento di possibilità in più di restare uccise, e il 47 per cento in più di rimanere ferite in modo grave. Questo perché le auto sono disegnate tenendo presenti misure e caratteristiche del corpo del guidatore, non della guidatrice. Quelle dei manichini, come spiega uno studio pubblicato su «ScienceDirect». Loro quindi non si fanno male, mentre una manichina probabilmente se ne farebbe eccome.

D'altra parte è la stessa storia in ogni settore.

Prendiamo la moda, tipico argomento da ragazze: secondo uno studio realizzato da Launchmetrics, nel 2017 aveva una manager solo il 31 per cento dei brand globali. E nonostante le principali realtà formative internazionali del settore, come la Central Saint Martins di Londra, contino il 74 per cento di studentesse, sono «rosa» il 5,7 per cento delle poltrone di Ceo e il 7,7 di quelle dei Cda delle griffe europee.

Figurarsi nelle cosiddette professioni Stem (Science, Technology, Engineering and Mathematics): la presenza femminile si ferma al 20 per cento. Una ricerca condotta nel 2018 calcola che, nella Ue, aumentarla porterebbe, entro il 2050, a 1,2 milioni di posti di lavoro e 820 miliardi di euro di Pil in più.

Scorrendo il Rapporto europeo sulla parità di genere del 2019, faccio notare a Jacques che, perlomeno, in casa ci sono due primi della classe. I nostri due Paesi, infatti, guidano la classifica della parità di genere nel business. Nei consigli d'amministrazione delle maggiori aziende europee quotate in Borsa la percentuale di donne è del 26,7 per cento. La Francia svetta superando di parecchio la media: 44 per cento. Ma la seconda è l'Italia, con il 36,4.

L'accelerazione è cominciata nel 2010, quando la Commissione europea ha annunciato iniziative per promuovere la presenza femminile ai più alti livelli dirigenziali. Nel 2011, anche in Italia è stata varata una legge sulle cosiddette «quote rosa». Stabilisce che per le società presenti in Borsa siano femmine almeno un terzo dei componenti del Cda. Se non viene rispettata, sono previste multe dai 100mila euro fino al milione.

Questo tipo di misure legislative funziona. Motivo di grande soddisfazione per chi, come me, da decenni sostiene che una forzatura è necessaria per ristabilire la giustizia. In Italia, purtroppo, abbiamo perso fin troppo tempo a litigare sulle quote rosa, e molte ancora oggi avanzano dubbi. C'è chi dice che non vogliamo essere oggetto di discriminazione, neppure positiva. Ma se è l'unico modo per sconfiggere quella negativa io difenderò sempre questo genere di norma. Vorrei vederla applicata anche nelle aziende non quotate e soprattutto nel mio settore professionale, il giornalismo, televisivo e non. Visto che, per esempio, nei quotidiani nazionali ai vertici comparivano, nel 2018, 166 uomini e 17 donne. Sebbene le giornaliste siano oltre il 40 per cento.

Non abbiamo affatto raggiunto l'uguaglianza, non ci siamo neanche vicine. Le donne corrono con dei pesi agganciati alle caviglie tutti i giorni della loro vita domestica, professionale, relazionale, politica. Se ci sono persone che in buona fede pensano il contrario, è semplicemente perché di questo tema non si parla abbastanza.

Diseguaglianze da salotto

Se i consigli d'amministrazione sembrano realtà troppo lontane per molti di noi, basta guardarsi in casa. Sempre secondo il Rapporto europeo, è due volte più probabile che sia un uomo ad allungare le proprie ore di lavoro in ufficio, e che sia una donna a prendere un part-time per potersi dedicare di più alle attività domestiche e di cura. Qualcuno dirà: «Be', così sono pari». Le ore complessive sono le stesse. Peccato che nel primo caso siano pagate e nel secondo no.

Non è un problema da poco: sono in ballo cifre enormi. Secondo l'Onu, le donne svolgono il 75 per cento del lavoro non remunerato nel mondo. Uno studio del 2015 della McKinsey ne calcola il valore in circa 10 trilioni di dollari. Se l'intero pianeta accelerasse sulla via verso la parità di genere, nel 2025 la crescita del Pil globale sarebbe di 12 trilioni. Con le nostre economie che ristagnano, sono salti in avanti che qualunque governante si augurerebbe. E allora perché non saltiamo? Perché questo significherebbe, per i manager, imparare a promuovere le collaboratrici. Non solo farle salire per un giorno su un palco olimpionico ma tenerle sotto i riflettori, capirne il talento, assegnare a loro i posti di comando.

In Europa, il lavoro femminile non retribuito è ovunque una realtà: va dalle sei alle otto ore settimanali nei Paesi del Nord e arriva a quindici in quelli del Sud come Italia, Grecia, Malta. Questo crea un reale problema economico con conseguenze di lungo periodo.

Innanzitutto, se hai troppo da fare a casa (molti figli, genitori anziani, disabili da accudire e così via), potresti decidere che non ce la fai ad andare anche in ufficio. Infatti, secondo i dati Istat 2019, in Italia risultano occupati il 66,8 per cento degli uomini e il 49,6 delle donne. È chiaro che questi dati non possono computare il lavoro nero e sommerso.

Se riesci a tenere l'impiego, ma sommando il lavoro in ufficio a quello di casa il risultato è una giornata di 27 ore, una soluzione è prendere il part-time: lo fa per l'8,2 per cento lui, per il 32,5 per cento lei.

Per quelle ore passate ad accudire qualcuno (ricordiamoci che l'accudimento è un mestiere), non essendo remunerate, non vengono versati contributi. Infatti il gap delle pensioni tra i generi è del 32,1 per cento.

Risultato: le donne sono più povere, meno libere (senza soldi è molto più difficile lasciare un compagno, magari violento) e rischiano di passare una vecchiaia assai meno comoda rispetto ai loro coetanei. Se consideriamo che hanno anche, non solo in Italia ma in tutta Europa, maggiori possibilità di vedersi offrire contratti a tempo determinato, quindi di andare incontro a discontinuità di carriera, la situazione è davvero grama.

Anche quando lavoriamo, poi, ci pagano meno. L'ho provato sulla mia pelle, dato che in Rai per anni non me la sono sentita di chiedere aumenti e promozioni, nonostante la mia grande visibilità e l'apprezzamento che il pubblico mi dimostrava. Solo quando mi è stato passato sottobanco un rapporto riservato, commissionato da Rai e Mediaset alla Makno, in cui risultavo la più popolare in assoluto tra i conduttori, sono andata dai vertici dell'azienda a porre la domanda: se il pubblico mi stima di più, perché mi pagate di meno? E perché non ho ruoli decisionali? Mi sentivo a disagio, quel giorno, come se stessi avanzando delle illecite pretese, e la trattativa è stata faticosa. Per questo sono solidale con le tante che devono superare crisi di ansia e affrontare il disappunto o a volte il disprezzo dei superiori, persino l'umiliazione, solo perché rivendicano i propri diritti. Gli stessi avanzamenti che i colleghi ottengono senza bisogno di combattere e spesso senza meritarli.

In tutta Europa, la forbice media tra gli stipendi di una dipendente e del suo vicino di scrivania, a parità di occupazione e responsabilità, è quasi del 16 per cento. Sembrano cifre astratte? Poniamo che abbiate uno stipendio di 1500 euro al mese. Il capo arriva e vi dice: da domani, in busta paga vi troverete 240 euro in più. Solo per continuare a svolgere le stesse mansioni. E se per un'impiegata lo scarto con il collega potrebbe essere «solo» dell'8 per cento, per una manager può trattarsi del 23 per cento. Fate i conti e fateli bene, perché è un prezzo che in molte stanno pagando senza accorgersene.

«Ciò che emerge dalla ricerca è che le donne vengono impiegate in professioni o occupazioni considerate di minor valore, ma anche che il loro lavoro è valutato meno semplicemente perché sono femmine» leggo ad alta voce. Jacques mi ricorda che dal 2018 in Francia le aziende private sono obbligate a pubblicare annualmente i loro dati sulla parità retributiva nel Gender Equality Index, e in caso di squilibrio eccessivo devono correre ai ripari. Se dopo tre anni ancora non hanno rimediato, vanno incontro a sanzioni pecuniarie. Leggi analoghe sulla trasparenza nei compensi sono state approvate anche in Irlanda e in Portogallo. Sono tutti Paesi del cosiddetto Sud Europa. In Italia la differenza media di reddito annuale lordo tra un uomo e una donna è del 12 per cento circa. Ma una norma del genere non ce l'abbiamo, né sembra che la questione sia al centro del dibattito.

Vogliamo più bene alle mamme o ai papà?

Una forma di protesta collettiva, anche se non organizzata, per la verità c'è. Un po' come le cinesi, le italiane non fanno più bambini. Dal 2008, la natalità è costantemente calata e oggi la percentuale di figli pro capite è dell'1,32 per cento. Il cosiddetto «livello di sostituzione», che consente il ricambio della popolazione, è 2,1. Siamo un Paese che invecchia, e questo accade perché rendiamo la vita difficile alle donne: il rapporto di Save the Children *Le Equilibriste. La maternità in Italia*, del 2019, ci mette al 70° posto su 149 Paesi esaminati nel Global Gender Gap Report (dal 2009 abbiamo perso ben 29 posizioni). Come sempre ci sono regioni più virtuose e altre meno: da anni Bolzano e Trento sono fisse in cima alla classifica dei posti in cui è più facile essere madri, e infatti il tasso di fecondità a Bolzano è sensibilmente più alto: 1,76. Il nostro personale derby in salotto tra Italia e Francia è comunque perso, dato che il Paese di Jacques è in cima alla classifica, con 1,9 figli a testa.

In media, il primogenito in Italia arriva quando hai trentun anni (il dato europeo è ventinove). Siamo il numero uno nella Ue per percentuale di primipare ultraquarantenni: 6,2 per cento, raddoppiata in soli cinque anni. Se si rimanda il più possibile non è per marcio egoismo, ma per istinto di sopravvivenza: nella Patria della sacra famiglia, diventare madre è una sfida da supereroine. A casa, lei dedica il 19 per cento del suo tempo al lavoro non retribuito e di cura, lui il 7. Lei, troppo spesso, getta la spugna: hanno un impiego il 63,3 per cento delle donne tra i venticinque e i quarantanove anni, ma solo il 56,8 di quelle con figli minori. Alcune mamme dicono che non si tratta di un sacrificio e che sono più felici di stare a casa con i bambini: ottimo se è una scelta, ma nessuna deve essere costretta. Nessuna deve rimetterci l'indipendenza economica, le soddisfazioni professionali, il benessere nell'età della pensione solo perché non siamo capaci di organizzare in modo sensato il mondo del lavoro.

Il problema, è chiaro, va risolto insieme. Ci vogliono i padri. I quali, a onor del vero, provano a esserci, ma per il momento con poca convinzione e con poco supporto da parte della legge. In Italia, nel settore privato, usufruiscono del congedo di paternità il 21 per cento degli aventi diritto. Ma hanno solo cinque giorni di congedo obbligatorio e uno facoltativo, entro i primi cinque mesi di vita del piccolo. In questo campo nemmeno Jacques mi dà buone notizie: in Francia, salvo problemi di salute del neonato, i papà possono stare a casa solo per undici giorni consecutivi, contro le sedici settimane complessive delle mamme. In Islanda, su nove mesi di congedo di maternità, tre spettano obbligatoriamente a lei, tre a lui e tre possono essere suddivisi. In Germania, il congedo è di dodici mesi che diventano quattordici se una parte viene presa dal padre. E pensate un po', anche le tedesche avevano smesso di fare bambini, ma dopo l'approvazione di un pacchetto di incentivi e aiuti statali per la paternità e gli asili hanno ricominciato. Le politiche di sostegno a chi sceglie di procreare esistono, e funzionano, ma non sono i bonus, sono buone leggi e buoni servizi. Anche a favore degli uomini, che di fare i genitori hanno voglia e vanno aiutati.

Alexis Ohanian, il marito della tennista Serena Williams, è il co-fondatore del social network Reddit. Un super manager, non certo uno che possa stare lontano a cuor leggero dal lavoro. Il classico padre assente dello stereotipo. Ebbene, quando è nata sua figlia Olympia ha chiesto un congedo di sedici settimane, quello previsto dai contratti della sua compagnia. «Quando sono nato io, nel 1983, mio padre si è preso un solo giorno, e per di più ne ha usato uno di ferie» racconta in un'intervista a «The New York Times». Ma le complicazioni al parto di sua moglie Serena, con un cesareo d'urgenza che l'ha poi costretta a letto, lo hanno convinto a fare una scelta che è stata, sostiene, tra le migliori della sua vita.

«Passare molto tempo con Olympia quando era neonata mi ha dato fiducia, ho visto che potevo farcela a essere un genitore» dice. «Due anni dopo, non è strano che sia io a cambiarle i pannolini, darle da mangiare, pettinarla e così via: non è babysitting, sono semplicemente cose da papà.» Ragionando da uomo d'affari, aggiunge: «Mi sembra incoraggiante vedere sempre più padri che assumono il proprio ruolo di leader domestici risolvendo i problemi».

Non è stato facile, ammette Ohanian, superare il timore di non essere più considerato competitivo sul lavoro: la stessa paura delle madri (quasi sempre giustificata). Ma se non avesse vissuto quei primi mesi di Olympia, avrebbe perso un'opportunità enorme, quella di cominciare con il piede giusto. Non si può contare solo sull'iniziativa, o sul coraggio, del singolo papà, afferma: occorrono politiche precise per incoraggiarli a seguire questa strada. E conclude con ironia: «Io ho preso tutte le mie sedici settimane di congedo e sono ancora ambizioso e ben deciso a proseguire la mia carriera. Parlate con i vostri capi, dite che vi mando io». Quanto alla carriera della moglie, è tornata più in forma che mai arrivando in finale agli US Open, all'inizio di settembre 2019. Non ha vinto, ma ha dimostrato che essere madri e campionesse è possibile.

«Dietro a ogni grande donna c'è un uomo ragionevole» chiosa Jacques, che è un ammiratore sfegatato di Serena Williams. Ripenso alle proteste dei miei lettori sulla «guerra tra i sessi». È vero: nel migliore dei mondi possibili non servirebbe la guerra. Si può vincere tutti insieme.

Rosa è il colore dei soldi

Deborah Hargreaves, giornalista, che è stata business editor di «The Guardian» e oggi dirige il think tank britannico High Pay Center, ha studiato per un anno il modo in cui varie aziende gestiscono il rapporto tra lavoro e vita privata dei propri dipendenti, soprattutto donne. Nel rapporto *Women at Work. Designing a Company Fit for the Future* mostra che è possibile far funzionare quasi ogni business in un regime di job-sharing e part-time, con settimane lavorative di quattro giorni. Chi non lo vorrebbe? Ma, aggiunge Hargreaves, per raggiungere questo risultato occorre che le donne si sostengano e si promuovano a vicenda per salire tutti i gradini della carriera. Perché hanno le priorità giuste.

Adattare i modelli di gestione aziendale alle necessità cosiddette «femminili», infatti, migliora la vita di tutti. Perché si tratta semplicemente di necessità umane: prendersi cura di chi si ama, avere relazioni sane con gli amici, crescere i propri piccoli. Il problema non ce l'hanno le donne, ce l'ha una società che non dà abbastanza valore a queste cose. «Credo che dobbiamo diventare più coraggiose, portare avanti una nostra agenda comune» sostiene Hargreaves. «Non basta pensare "Okay, mi sono conquistata un po' di flessibilità", bisogna conquistarla per tutte.» E per tutti: perché dove si lavora meno e meglio sono più felici anche gli uomini.

Per fortuna, sta crescendo la consapevolezza che la diversità di genere sul luogo di lavoro è importante. Come altri fattori, tra cui l'impatto ambientale e la sostenibilità, comincia a mostrarsi economicamente conveniente. Sempre più investitori premiano imprese con una più alta percentuale di donne nel management. *Follow the money*: si fanno progressi anche perché le signore sono sempre più ricche e influenti. Secondo il Boston Consulting Group, nelle loro mani si concentrerà entro il 2020 circa il 32 per cento della ricchezza globale.

Tuttavia, anche nell'accesso agli investimenti la parità è tutt'altro che raggiunta. Esiste un Gender Investment Gap, lo rivela uno studio del 2018, sempre del Boston Consulting Group. Analizzando investimenti e risultati nelle startup finanziate dai maggiori *venture capitalists* su un periodo di cinque anni, è risultato che quelle create da uomini avevano ricevuto oltre il doppio dei fondi rispetto alle altre. Seconda scoperta: le startup create da donne facevano guadagnare in media il 10 per cento in più. Perché, si sono chiesti gli analisti, tante più risorse venivano destinate agli investimenti meno redditizi?

Un dato: le ragazze erano meno brave nelle presentazioni. Meno sicure di sé, meno proattive e ottimiste, meno abili a rispondere alle critiche. Forse anche perché vedevano più spesso messa in discussione la loro competenza, soprattutto in fatto di tecnologia. Ma poi, come manager, erano più oculate e meno propense a rischiare inutilmente, quindi ottenevano risultati migliori.

Un altro dato: il 92 per cento dei principali fondi di *venture capitalism* statunitensi ha manager uomini. Che fanno fatica a valutare il potenziale di prodotti e servizi studiati da donne, per le donne. È normale cecità selettiva. Ecco perché le quote rosa a ogni livello aiutano: non perché siamo per forza più competenti, ma per evitare di privarsi delle nostre competenze, quando ci sono. Infatti, un altro studio di McKinsey del 2015 ha mostrato che, su mille aziende, quelle con la maggiore diversità di genere avevano il 21 per cento di possibilità in più di superare le performance dei concorrenti. Affrontare i problemi e le scelte da più punti di vista aiuta a prendere decisioni più efficaci.

«Nel mondo degli affari non si dovrebbe pensare solo al denaro, ma anche alla responsabilità» ha detto Anita Roddick, fondatrice di The Body Shop. Se pure pensassimo solo al denaro, comunque, l'altra metà del cielo è metà del pubblico dei potenziali consumatori. E qualcuno se n'è accorto anche nel nostro Paese.

La prima organizzazione italiana per la certificazione della parità di genere, Winning Women Institute, è stata creata da un uomo, Enrico Gambardella. Rilascia il «bollino rosa» alle aziende che hanno raggiunto l'uguaglianza retributiva. In un'intervista a «la Repubblica», il fondatore spiega: «Le grandi imprese, soprattutto le multinazionali, sono molto attente alla loro reputazione. Se crolla, rischiano di non vendere più i loro prodotti. E visto che per il 56 per cento sono le donne a scegliere nei consumi, il rischio è alto. Sapere che un'azienda del food o dei detersivi non rispetta la parità di genere può indurre a scegliere il prodotto di un'altra impresa, che al contrario la rispetta». Al momento dell'intervista, a giugno 2019, aveva certificato nove aziende, altre, anche grandi, non avevano passato il test. La situazione sta migliorando, sostiene, e sono sempre di più a impegnarsi per ridurre il *gender gap* non solo sul piano dello stipendio ma su altri fronti, dalla maternità agli avanzamenti di carriera, fino all'equilibrio tra lavoro e vita privata. «E lo fanno anche perché ormai molti studiosi e manager sono convinti che una squadra lavori meglio se è "mista", come le classi di una scuola.»

A proposito, le italiane studiano di più (nel 2018 erano il 54 per cento del totale dei laureati), ma privilegiano settori che hanno minori prospettive occupazionali e retributive. Non succede solo da noi. Per esempio, negli Stati Uniti sempre meno universitarie scelgono la facoltà di Economia, perché percepiscono la finanza come un mondo poco *friendly* nei loro confronti. E in Gran Bretagna pensiamo al caso di Stacey Macken, broker di Bnp Paribas che ha fatto causa alla banca per discriminazione. Entrata nel 2013 con uno stipendio annuale di 120mila sterline, aveva scoperto che poche settimane dopo un collega era stato assunto con 160mila sterline e bonus più vantaggiosi. Alle sue proteste i capi, e i colleghi maschi, hanno risposto con recriminazioni, discriminazioni, fino al bullismo, e quella frase sprezzante: «*Not now, Stacey*», non ora, Stacey. Come a una bambina petulante. La bambina ha fatto causa e il 10 settembre 2019 è arrivato il verdetto: vittoria. Dopo sei anni di battaglie legali avrà diritto a un risarcimento. Si parla di quattro milioni di sterline. Un affarone per la banca che non aveva concesso un aumento da 40mila. La campana suona dunque anche per un mondo finanziario tradizionalmente maschilista, che a onor del vero stava già dando segnali di risveglio.

Per esempio, nel giugno 2019, l'Associazione bancaria italiana ha stilato la Carta «Donne in banca», per la valorizzazione della diversità nel proprio settore, invitando gli associati ad aderire. La promotrice è la vicepresidente dell'Abi e presidente di Monte dei Paschi di Siena, Stefania Bariatti, molto impegnata sul fronte della parità. «Nelle banche ormai quasi la metà dei dipendenti è donna, ma ancora troppo poche riescono a giungere ai vertici» ha dichiarato in un'intervista al «Corriere della Sera». Lo stesso vale per tutta la finanza. «La mancanza di prospettive rischia di spingere le ragazze a non avvicinarsi a un mondo che considerano per loro non amichevole.» Proprio come negli States.

La guerra invisibile

Ovunque, siamo tristemente abituate a essere vittime, prede, bersagli. Non a caso, il movimento di massa contro la violenza sulle donne One Billion Rising prende il nome da una cifra raccapricciante resa nota a San Valentino del 2012: una su tre, nel mondo, nel corso della vita verrà picchiata o violentata. Vuol dire un miliardo di persone.

Nel 2017 in Italia si sono contati 123 femminicidi: praticamente, uno ogni tre giorni. Per l'80,5 per cento l'assassino è una persona conosciuta, in quasi la metà dei casi il partner o l'ex. Il numero di questi crimini è rimasto sostanzialmente stabile negli ultimi venticinque anni, mentre gli omicidi di maschi sono calati. Sono i dati dell'Istat, che certifica anche come in Italia il 31,5 per cento delle donne tra i sedici e i settant'anni abbia subito violenza fisica o sessuale nel corso della vita. Sempre una su tre. Nel 62,7 per cento degli stupri il colpevole è il compagno, nel 3,6 per cento è un parente e nel 9,4 per cento un amico. Per quanto riguarda gli sconosciuti, invece, il 76,8 per cento delle violenze sono molestie sessuali. Nel 2016, in Francia, uno studio ha rilevato che ne sono state vittime sui mezzi pubblici il 90 per cento delle donne. Nello stesso anno, un sondaggio sulla metropolitana di Washington ha indicato che capita alle femmine tre volte più che ai maschi. Con percentuali del genere, dovrebbe essere uno dei problemi più sentiti da chi si occupa di pianificazione dei trasporti.

Sono inoltre gli ex i principali responsabili dello stalking, che oltre il 21 per cento delle donne ha dovuto subire dopo la fine di una relazione. Ma solo il 22 per cento ha chiesto aiuto a un centro specializzato o alle istituzioni, e di queste nemmeno la metà ha sporto denuncia. Un dato su cui riflettere, la solitudine. Tante vittime restano invisibili o misconosciute, ma l'invisibilità uccide. Perciò sono preziose tutte le iniziative che mirano a rendere evidente il problema, a esporre i prevaricatori alla pubblica ignominia, a creare rete fra le vittime. Spesso questo tipo di reato genera la paura di non essere credute, di passare dalla parte del torto perché «la gente dirà che se la sono cercata». Bisogna guardare i numeri, indignarsi insieme, sentirsi parte di una maggioranza che si rifiuta di restare silenziosa.

Non può essere colpa delle donne se il 50 per cento è oggetto di molestie sessuali sul lavoro nell'Unione europea, l'80 per cento in Cina. Non può essere colpa delle donne se il 96 per cento degli omicidi nel mondo è commesso da uomini. La violenza è colpa dei violenti, non dei violentati. E va denunciata.

Non tutti sanno che l'Ue ha avuto, e ha, il suo #MeToo. Quasi la metà delle deputate, nel Parlamento europeo, ha ricevuto minacce di morte o di stupro o violenza fisica e il 14,8 l'ha effettivamente subita. Il 58,5 per cento è stato attaccato online con commenti sessisti. Per tacere delle molestie, storie che dal 9 ottobre 2018 sono raccolte nel blog della campagna MeTooEP.

Sono convinta che soprattutto le donne dovrebbero volere più bene all'Unione europea. L'impegno delle nostre istituzioni comunitarie per la parità è davvero importante, a partire dalle direttive che obbligano i Paesi membri a legiferare per raggiungerla. C'è anche una campagna dal valore perlopiù simbolico, ma che mi piace molto: No Woman No Panel. Invita i membri della Commissione europea a non partecipare a convegni e conferenze in cui non ci siano relatrici. Mi sembra una buona idea anche per noi giornalisti, ma bisogna affrontare il problema alla radice: per ottenere visibilità è innanzitutto fondamentale avere ruoli di rilievo.

Nel giugno 2019, il World Economic Forum valutava quanti Paesi raggiungeranno la parità di genere entro il 2030. Nessuno. Ci vorranno 108 anni, se tutto va bene. Secondo uno studio del 2018 delle Nazioni Unite, sul pianeta vivono in estrema povertà un 22 per cento in più di giovani donne rispetto ai loro coetanei. In circa 200 milioni, da bambine, hanno subito la mutilazione genitale. In 39 nazioni la legge ereditaria non è uguale per figli e figlie, in ben 49 non esiste una norma sulla violenza domestica. A chi appartiene il terreno coltivabile sul pianeta? Alle donne… per il 13 per cento. Eppure, secondo la Fao, se avessero parità di accesso alle risorse produttive, i raccolti delle fattorie potrebbero aumentare di quasi un terzo.

Scorrendo questa lista di dati agghiaccianti e deprimenti, penso che le risposte che do a lettrici e lettori, quando mi accusano di essere troppo agguerrita, dovrebbero essere ben più drastiche. La parità non è raggiunta e chi dice il contrario è ignorante o in malafede. Molestie sessuali, lavoro gratuito, discriminazioni, violenza per strada, in ufficio, a casa. E diseguaglianze salariali, precarietà professionale, opportunità di carriera negate, maternità negata, salute negata. E povertà, e dipendenza. Lo dicono i dati: le donne sono da sempre sfruttate. Globalizzazione e liberismo hanno peggiorato la situazione. Oggi appartengono in maggioranza a quello che un tempo si chiamava «proletariato». Non per niente politiche come Elizabeth Warren, che difendono le fasce più deboli dei lavoratori negli Stati Uniti, vengono chiamate «socialiste» anche all'interno del Partito Democratico, come se fosse un insulto.

Perché la battaglia per i diritti femminili si inquadra in una guerra più ampia che è quella di una miglior distribuzione della ricchezza e delle opportunità. La battaglia per la dignità femminile si intreccia con quella contro la speculazione e la corruzione, che sono le due malattie fatali del nostro tempo e delle nostre democrazie. Di ineguaglianza si muore e se ai padroni del mondo la cosa non interessa è tempo che cambino idea. O meglio, è tempo di un bel ricambio ai vertici.

5
Club maschili

Immaginate l'album di famiglia, senza le donne. Madri, sorelle, zie, nonne, stanno altrove, fuori dall'inquadratura. Sorridono all'obiettivo il padre e il cognato, il nonno con gli amici delle bocce, una tavolata di fratelli con il tagliere dei salumi.

È più o meno l'effetto che fa la foto del G20 di Osaka. Dove sono tutte quante?

È il 29 giugno 2019. Nelle ultime quarantott'ore si è tenuto, per la prima volta in Giappone, il tradizionale appuntamento dei governanti e delle istituzioni più potenti del mondo. Al termine del programma di vertici e discussioni, hanno prodotto un comunicato finale: una lunga lista di impegni sulla crescita, il libero commercio, la parità di genere. Belle e vaghe parole. Ma su un tema che fin dall'inizio era stato presentato come centrale, la lotta al cambiamento climatico, hanno mostrato un totale disaccordo. La maggioranza dei partecipanti ha ribadito l'impegno a rispettare l'Accordo di Parigi, del 2015, per ridurre le emissioni e combattere l'effetto serra. Ma gli Stati Uniti non ci stanno, «in nome dei lavoratori americani». È in gioco il destino del pianeta, su cui abitano anche i lavoratori americani, ma a Trump non interessa granché. D'altra parte, gli unici interessi che ha veramente a cuore sono quelli della potente lobby dei petrolieri e dei colossi energetici, con enormi profitti da difendere. Il grande summit, così, si conclude con un nulla di fatto proprio sul più importante punto in agenda. E viene immortalato in quella foto di famiglia, su cui mi soffermo mentre sfoglio i giornali, cercando di individuare i volti femminili.

Sono tre, su trentotto. Angela Merkel, Christine Lagarde, Theresa May. Eccola qui, l'equazione del disastro, la sparuta minoranza femminile in un club per soli uomini che ha in mano il futuro di tutti. Non sono stati capaci di mettersi d'accordo per garantire la sopravvivenza dei loro cittadini, dei loro stessi figli e nipoti, eppure ostentano ampi sorrisi da vincitori.

Non tutti, per la verità. Angela Merkel ha una smorfia tirata. Christine Lagarde non cerca nemmeno di dissimulare il disappunto. E Theresa May getta uno sguardo verso destra, come se cercasse la più vicina via di fuga. In effetti, nella prossima foto lei non ci sarà perché presto sarà sostituita da un uomo, Boris Johnson. Credo che in quel momento, tre donne intelligenti si stessero domandando: «Che ci faccio qui? Qualcosa di utile, o sono solo la foglia di fico della quota rosa?».

Foto di questo genere sono lo specchio di un potere maschile che di generazione in generazione si perpetua per cooptazione. Cent'anni dopo le prime conquiste del «voto alle donne», in Europa solo 4 primi ministri su 28 sono femmine. L'Italia non ha mai avuto una premier, né una ministra dell'Economia, né una presidentessa della Repubblica. La percentuale femminile nell'attuale Parlamento è un «record»: poco più di un terzo. D'altra parte solo tre Paesi al mondo hanno parlamenti in maggioranza femminili: il Ruanda, Cuba e la Bolivia. Nel caso del Ruanda questa preponderanza nasce da una tragedia: la sanguinosa guerra civile ha ucciso tantissimi uomini. D'altra parte, anche in Occidente le conquiste politiche femminili arrivarono all'indomani della Prima guerra mondiale. È un ben triste modo di ritrovarsi al potere.

Una speranza viene ancora una volta dall'Unione europea, che alle ultime elezioni ha raggiunto il 41 per cento di parlamentari donne. Per questo dobbiamo ringraziare in primo luogo alcuni Paesi virtuosi come Finlandia (54 per cento), Austria, Francia, Lettonia, Lussemburgo, Malta, Slovenia e Svezia (tutti al 50 per cento) e Regno Unito (47 per cento). L'Italia è arrivata al 42. Il Parlamento europeo, però, ha avuto solo due presidentesse in tutta la sua storia.

Nei governi nazionali, la situazione è molto variabile. Le quote rosa in politica aiutano a far eleggere più donne, anche se ci sono molti modi per favorire i maschi. Ma non è ancora obbligatorio sceglierle come ministri e non mancano le squadre fortemente sbilanciate. La Spagna di Pedro Sánchez fa un figurone con le sue 11 donne su 17 ministri, uno splendido 65 per cento. All'altro capo dello spettro troviamo la Grecia, che ne ha 2 su 18 e aggiunge al danno la beffa con la dichiarazione del primo ministro Kyriakos Mītsotakīs, secondo cui «non è facile trovare donne che abbiano voglia di fare politica». Chiude la fila l'Ungheria dell'amico di Salvini, Viktor Orbán, con il 7 per cento di ministre. D'altra parte il governo in cui Salvini era vicepremier si fermava al 17. Un piccolo miglioramento lo abbiamo avuto nel Conte bis, che con le sue 7 ministre su 21 è arrivato un po' sopra il 30. Il segnale più incoraggiante: una signora al ministero dell'Interno, Luciana Lamorgese, solo la terza a rivestire questo ruolo nella storia repubblicana.

Sarebbe tutto più facile se i partiti non fossero sempre guidati da maschi. Nel 2018, in Europa, c'era meno di una leader su cinque. Anche in questo campo come in quello economico, non voglio dire che una donna al comando sia di per sé la soluzione: ci sono anche le incompetenti. Ma lo squilibrio nella gestione del potere, che si perpetua a ogni livello, è un'ingiustizia. E un grave difetto del sistema, che non ci possiamo più permettere.

Un mondo diviso

Come se non bastasse il G20 a fine giugno, in agosto si apre a Biarritz il G7. Il momento è caldo, letteralmente: la foresta amazzonica è in fiamme; gli Stati Uniti e la Cina sono sull'orlo di una guerra commerciale. L'Italia si ritrova all'improvviso senza governo, in Gran Bretagna Boris Johnson con un colpo di mano ottiene la sospensione del Parlamento alla vigilia della Brexit, l'economia tedesca è ferma... Non è un bel periodo. E da Biarritz non arrivano buone notizie.

Sulla costa basca francese, blindata per l'occasione, si riuniscono i capi dei sette Paesi più ricchi di quello che una volta chiamavamo «il mondo libero». Una sola donna in questo circolo ristretto: l'inamovibile Angela Merkel. L'agenda del vertice include ancora una volta il cambiamento climatico, la parità di genere e l'Africa. Tre argomenti cruciali per il nostro continente, ma non sarà questo consesso ad affrontarli con efficacia. In compenso, molte energie verranno impiegate per tacitare le voci di protesta.

Mentre nelle stanze dei colloqui si mette in scena il gran teatrino delle strette di mano, dei sorrisi di circostanza, dei pranzi privati e delle cene di gala, subito fuori dall'hotel sede del vertice l'esercito francese e le forze di polizia sono dispiegati per evitare disordini. La città è in stato di assedio: pattuglie sulle spiagge, elicotteri che sorvegliano i cieli, navi di vedetta al largo. Migliaia di manifestanti, infatti, si sono dati appuntamento in alcune cittadine vicine per un contro-summit. La frattura tra politici e cittadini sembra farsi ogni giorno più profonda, e forse, per dare un senso a questo incontro, il vero argomento di discussione dovrebbe essere la riconciliazione necessaria tra governanti e governati.

Un'immagine, tra le tante diffuse dai media, mi colpisce in modo particolare. Sulla spiaggia di Biarritz, con la bassa marea, è stato tracciato nella sabbia un grande disegno. Un ritratto collettivo dei sette leader, con un appello: «*Turn the tide for gender equality!*», la marea deve cambiare, in favore della parità di genere. Per ora, la marea si è limitata a cancellare il disegno.

Spero che gli uomini chiusi nell'albergo di lusso di Biarritz oltre a parlare abbiano avuto modo di leggere l'articolo pubblicato su «Le Monde» pochi giorni prima, a firma di alcune tra le principali organizzazioni femministe: «Nessuna grande sfida, che sia diplomatica, ecologica o economica, può essere affrontata senza l'emancipazione delle donne e delle ragazze e senza una loro partecipazione effettiva ai processi decisionali» hanno scritto. «Solo un approccio femminista globale può contrastare lo sbilanciamento nei rapporti di potere tra donne e uomini, di cui è la società intera a pagare il prezzo.»

Sempre sul quotidiano francese, ha suonato una nota battagliera anche l'attrice britannica Emma Thompson. «Accettiamo il patriarcato fin dalla nostra più tenera età. La supremazia del padre, del fratello, del marito. È dentro di noi, da millenni» ha dichiarato in un'intervista. «È evidente che i maschi bianchi vivono oggi un momento difficile. Credevano di poter avere tutta la torta, e ora si chiede loro di condividerla. Si sentono dire: "Non siete più importanti! Uomini e donne sono assolutamente eguali". E anche: "Non siete più importanti di una femmina di colore...". La maggior parte di loro non ce la fa proprio a ingoiare la pillola.»

Sempre nel saggio *Invisible Women* c'è un aneddoto illuminante. Fino agli anni Settanta, nella New York Philharmonic Orchestra non suonava neanche una musicista. Poi, all'improvviso, le cose hanno cominciato a cambiare e ben presto la prestigiosa orchestra si è riequilibrata: metà maschi e metà femmine. Non è che di colpo le donne fossero diventate brave a suonare, erano semplicemente cambiati i provini per selezionare i nuovi musicisti. Ora venivano condotti alla cieca: i candidati suonavano nascosti dietro un divisorio e chi doveva valutarli non ne conosceva età, aspetto fisico, sesso. Parlava solo la musica. La percentuale femminile è subito aumentata e per raggiungere la parità sono bastati una decina d'anni. Commenta l'autrice Criado Perez: «In tutto il mondo, nella maggioranza delle decisioni di assunzione, la meritocrazia è un mito. Serve a coprire il pregiudizio positivo che avvantaggia i maschi bianchi. È scoraggiante vedere come sembri resistere a tutte le prove che, da decenni, la mostrano per ciò che realmente è: un'illusione. Se vogliamo sbarazzarcene definitivamente, è evidente che dobbiamo fare qualcosa di più che raccogliere dati». C'è un'altra notizia: gli studi hanno dimostrato che la convinzione di essere obiettivi e di non essere sessisti porta a comportamenti meno obiettivi e più sessisti. «Nelle organizzazioni che si presentano esplicitamente come meritocratiche, i manager privilegiano gli impiegati a discapito delle impiegate con pari qualifiche.»

Se le percentuali di genere sono sbilanciate, a parità di curriculum va data invece la precedenza alle donne. È semplicissimo. Bisogna volerlo, però. La cultura dell'eguaglianza deve svilupparsi ovunque e deve produrre effetti pratici. Occorre creare, finanziare e diffondere progetti mirati a valorizzare e far avanzare le donne meritevoli. Ne ho provato i benefici di persona, da giovane giornalista.

Era il 1989, lavoravo ancora al Tg2, e venni invitata dal governo americano, nell'ambito dei programmi di scambio culturale dell'Usis, United States Information Service. Era stata una donna, una responsabile dell'ambasciata, a segnalarmi come figura promettente nel panorama dei media italiani, e così mi era stata proposta una «visita individuale» di un mese, *coast to coast*, negli Usa. Durante il viaggio incontrai i professionisti più influenti per i temi che avevo segnalato: informazione, questione femminile, minoranze e funzionamento della democrazia statunitense e dei suoi centri di potere.

Era giugno e avevo poco più di trent'anni: fu un'esperienza molto istruttiva. Tra le persone che intervistai ci fu, a Washington negli studi del network Abc, Ted Koppel, uno dei più popolari e importanti *anchormen* americani. Oltre alla sua vasta esperienza come inviato, trovavo interessante il fatto che, anni prima, si fosse preso un anno sabbatico per stare a casa con i figli, mentre sua moglie concludeva gli studi. Una scelta per quel tempo quasi rivoluzionaria che Ted aveva pagato cara al suo ritorno in ufficio, perché lo avevano escluso dal novero dei conduttori. Non ne era rimasto fuori a lungo: nel 1980 aveva avviato *Nightline*, diventato rapidamente un programma di punta e che sarebbe proseguito fino al 2005. Koppel mi spiegò i processi di selezione, rigorosamente basati sul curriculum, che governavano le assunzioni nella sua tv. Incontrai poi Barbara Walters, un mito del giornalismo televisivo al femminile, che co-conduceva il programma settimanale *20/20*. Era molto stupita del mio ruolo di volto del telegiornale in *prime time*, da loro ancora non c'erano donne che avessero questa responsabilità. Anche in Italia, le spiegai, eravamo molto indietro.

Alla rete Cbs mi regalarono il *Blue Book*, un libro alto come un fermaporta che codificava i doveri etici e professionali dei giornalisti. Lo riportai a Roma, al sindacato. Ma più di ogni altra cosa, quel mese americano mi infuse una nuova determinazione: dovevo fare più esperienza di giornalismo internazionale. Sapevo già prima, ma ora ne ero certa, che per conquistare più credibilità e più autorevolezza dovevo ampliare i miei orizzonti. Fare gavetta all'estero. Avevo già seguito, in Austria, il caso Waldheim, lo scandalo scoppiato in seguito alle rivelazioni sulle passate compromissioni con il nazismo del presidente austriaco. Ma dopo il viaggio americano rientrai a Roma determinata a farmi inviare il più possibile sul campo, là dove cambiavano i destini del mondo. Per fortuna il mio interlocutore era Alberto La Volpe, un direttore che promuoveva le competenze femminili. Pochi mesi dopo ero a Berlino, sul Muro che cadeva, mentre il corrispondente del Tg1 dormiva sonni beati a Bonn. Due anni dopo ero in Iraq, nel mezzo di una guerra.

Tutte le grandi strutture della stampa internazionale hanno un loro omologo del «Libro blu» della Cbs. Sono regole deontologiche formulate in modi diversi, ma che si riducono ad alcuni comandamenti fondamentali. Rispettare i fatti, proteggere le fonti, mantenere la propria integrità professionale. Dire la verità e smascherare le menzogne. Jacques mi racconta che all'Agence France Presse, per cui ha lavorato a lungo, venivano chiamate «la Bibbia». Una facile provocazione dei francesi «mangiapreti». Anche la parità dovrebbe essere un comandamento, non solo nel giornalismo.

L'eterno conclave

Nel marzo 2019 la storica e giornalista Lucetta Scaraffia ha scritto su «Famiglia Cristiana»: «Nella Chiesa le donne, e in primo luogo le religiose che hanno donato la loro vita a essa, sono considerate membri di seconda classe, non vengono mai ascoltate né consultate, devono solo obbedire. Una condizione molto più simile alla servitù che al servizio, come aveva giustamente denunciato Papa Francesco». Poche settimane dopo, Scaraffia ha dato le dimissioni dall'inserto «Donne Chiesa Mondo» dell'«Osservatore Romano» che dirigeva, inviando una lettera di spiegazioni al Papa e denunciando il clima di delegittimazione e maschilismo in cui la sua redazione si era trovata a lavorare, dopo l'inchiesta-scandalo pubblicata un anno prima.

L'inserto aveva infatti conquistato i riflettori nel marzo 2018, con un articolo della giornalista Marie-Lucile Kubacki. Aveva raccolto testimonianze di suore che si dichiaravano sfruttate da una gerarchia esclusivamente maschile. «È difficile valutare l'entità del problema costituito dal lavoro gratuito, o poco pagato e comunque poco riconosciuto, delle religiose» scriveva Kubacki. «Anzitutto, bisogna stabilire che cosa s'intende. "Spesso significa che le suore non hanno un contratto o una convenzione con i vescovi o le parrocchie con cui lavorano" spiega suor Paule, una religiosa con incarichi importanti nella Chiesa. Quindi vengono pagate poco o per niente. Così accade nelle scuole o negli ambulatori, e più spesso nel lavoro pastorale o quando si occupano della cucina e delle faccende domestiche in vescovado o in parrocchia. È un'ingiustizia che si verifica anche in Italia, non solo in terre lontane.»

Le suore, come il clero, fanno voto di povertà. L'idea è ricordarsi che ogni cosa sulla Terra appartiene a Dio e che è Lui a provvedere alle Sue creature, secondo l'insegnamento evangelico. Sul piano pratico, poi, non avere proprietà rende più facile spostarsi da una parte all'altra del pianeta per affrontare gli impegni di testimonianza, predicazione, evangelizzazione che sono nel Dna di tanti ordini monastici.

Le suore, dunque, cedono ogni loro bene materiale e ogni loro guadagno all'istituzione a cui appartengono e ricevono uno stipendio, praticamente un rimborso spese. L'articolo, però, sottolinea che le lamentele non riguardano la povertà, ma la frustrazione di non sentirsi valorizzate. «La questione del corrispettivo economico è come l'albero che nasconde la foresta di un problema ben più grande: quello del riconoscimento. Tante religiose hanno la sensazione che si faccia molto per rivalorizzare le vocazioni maschili, ma molto poco per quelle femminili. "Dietro tutto ciò, c'è purtroppo ancora l'idea che la donna vale meno dell'uomo, soprattutto che il prete è tutto mentre la suora non è niente nella Chiesa. Il clericalismo uccide la Chiesa" afferma suor Paule.»

Il problema portato alla luce da questa ennesima polemica vaticana è reale. Tanto per cambiare, un caso di organizzazione dominata da un club maschile, in cui alle donne si consente, graziosamente, di servire, ma non di detenere denaro e potere o di occupare posti di responsabilità.

Il tema del ruolo femminile nella dottrina cattolica è tra i più profondi e discussi, torna attraverso i secoli in dibattiti teologici, eresie, scismi. Non ho la presunzione di affiggere le mie tesi al portone di San Pietro e mettere in questione dogmi e dettami della Chiesa. Tanto più che la misoginia non è certo un problema esclusivo del cristianesimo: le altre due religioni monoteiste, ebraismo e islam, fanno ampiamente la loro parte. Nelle società in cui le regole di un culto possono influenzare la vita pubblica e politica, le pratiche misogine sono all'ordine del giorno. In particolare per quanto riguarda l'islam, le ho indagate e raccontate in vari libri e credo che non si debba mai abbassare la guardia.

La religione cattolica però ha un'enorme influenza nel mondo. Secondo gli ultimi dati dell'Agenzia Fides conta oltre 5200 vescovi, quasi 415mila preti, tre milioni e 600mila tra missionari laici e catechisti. E circa 660mila suore. Una struttura che ha come capo il Papa e le gerarchie vaticane, e come base un miliardo e 300mila fedeli sul pianeta. Ciò che la Chiesa fa e dice – o omette – sul tema della parità tra i generi è importantissimo e incide sul comportamento dei credenti.

La composizione del G20, una riunione di maschi di una certa età, può e deve cambiare. Quella del conclave, analoga, probabilmente non cambierà. Ma anche la Chiesa è fuori tempo massimo.

Ammiro molto Papa Francesco. L'ho incontrato assieme a Jacques in una delle udienze del mercoledì, in Vaticano. Sua Santità mi è sembrata una persona calorosa e sincera. Mi ha invitata a continuare il mio lavoro con senso di responsabilità e con la schiena dritta, e a lavorare al servizio «della bellezza, della bontà e della verità». Ho risposto: «Santità, la più difficile è la terza».

Credo che le affermazioni del Pontefice in favore dei poveri, dei migranti, dei più deboli suonino una nota positiva necessaria, in un dibattito pubblico incattivito. Apprezzo il suo tentativo di contrastare l'omofobia montante, perlomeno esortando a riflettere sulla domanda evangelica: «Chi sono io per giudicare?». Gli credo quando rende omaggio alle donne che lavorano nel variegato universo cattolico e promette di proteggerle contro le ingiustizie e le violenze: sessuali, economiche, psicologiche. Ma mi sembra ben lontano dal poter promuovere una vera battaglia per la parità all'interno della Chiesa. Non credo ai miracoli, ma alle agende strategiche con programmi e obiettivi precisi e quantificabili.

L'alleanza necessaria

D'altra parte, non possiamo aspettarci che il cambiamento venga dal G20, dal G7 o dal Vaticano. Che qualcuno bussi alla nostra porta e ci offra le chiavi del regno. Dobbiamo andarle a prendere e moltissime donne, in tutto il mondo, sono in prima linea da anni. Ma hanno bisogno di più sostegno da parte delle altre, e questo include una nuova alleanza generazionale: tra le «vecchie femministe», che hanno combattuto per i diritti fondamentali e sanno benissimo di non averli conquistati per tutte e per sempre, e le ragazze che invece in parte si illudono del contrario.

Qualche mese fa, mi sono trovata a sostenere un acceso dibattito sul tema in un luogo insolito. Eravamo a fine marzo, alla vigilia del Congresso mondiale delle famiglie tenutosi a Verona. Non so a nome di quali famiglie pensasse di parlare questo raduno di omofobi, misogini e oscurantisti, certo non della mia. Ero nel negozio di biancheria dove mi servo sempre, a Roma, e da anni conosco le commesse. A una mia battuta sul sessismo dilagante, la responsabile del punto vendita ha risposto serafica: «Io sono contro le donne». L'ho guardata con sbigottimento. Ha spiegato: «È colpa nostra se gli uomini sono violenti e frustrati».

«Mi faccia capire» ho contrattaccato. «In base a qualunque ricerca siamo chiaramente svantaggiate in ogni campo, e la prima cosa che le viene in mente non è attaccare chi ci mantiene in questa condizione, bensì attaccare le donne?» Ho esteso l'appello alle sue più giovani colleghe. «Scusate, ma secondo voi il Congresso mondiale delle famiglie è l'avanguardia del radioso futuro in cui alle donne viene garantita la visibilità che meritano? Che *voi* meritate?»

Non ho affatto convinto la responsabile, ma forse ho fatto riflettere le altre.

Qualche settimana più tardi, in una bella intervista su «The New York Times», Laura L. Carstensen è intervenuta in tono battagliero sul tema del femminismo. Carstensen, professoressa di Psicologia all'Università di Stanford e direttrice dello Stanford Center on Longevity, ha sessantacinque anni e con ironia e grinta ha ipotizzato che potrebbero essere le over 60 a dare la spinta decisiva verso la parità. Semplicemente perché ne hanno abbastanza. Hanno dovuto tenere insieme carriere e figli, affrontare stereotipi e discriminazioni, hanno dovuto scusarsi quando erano troppo aggressive, ma anche quando erano troppo sensibili. Hanno imparato a stare da sole: i figli sono cresciuti e sono fuori casa, i mariti sono invecchiati e magari sono fuori casa pure loro, con donne più giovani. Le over 60, nell'epoca della longevità, si sono accorte che hanno ancora molto da dare e tutto sommato poco da perdere. E secondo Carstensen, vedendo il maschilismo, l'omofobia e la violenza che rialzano la testa – o che non l'hanno mai abbassata – ora si dicono: «*Not on my watch*», queste cose non succederanno finché ci sono io.

È una bella immagine. Ma occorre che le sessantenni arrabbiate riescano a trasmettere la loro determinazione alle ventenni che devono portare avanti la battaglia. Rispetto alle rivendicazioni femministe di un tempo, infatti, ho l'impressione che le giovani si muovano in un'ottica magari altrettanto determinata ma più *male-friendly*: maschio, non ti vogliamo uccidere, né scalzare, ma non vogliamo nemmeno essere come te e di sicuro non intendiamo esserti sottomesse. È una sorta di via più diplomatica alla soluzione del conflitto. Sono d'accordo, la diplomazia è preziosa e costruire alleanze tra i sessi è fondamentale. Ma la guerra c'è e quando i nodi degli interessi personali vengono al pettine, nessun uomo sa essere femminista quanto una donna. Nemmeno Jacques.

Dalla sua postazione di lavoro, mio marito non si chiede perché io abbia sollevato gli occhi dal computer e lo guardi di traverso. Si alza, va a prendermi un bicchiere di vino per dimostrarmi che viene in pace. Però, prima di tornare al computer per scrivere il suo prossimo documentario, mi invita a riflettere anche sulle novità positive. Stiamo seguendo da vicino le vicende di oltreoceano. Dove, pur nella tempesta che si prepara, si vedono delle luci.

6
Trump go home

Washington. È dalla capitale americana che viene qualche segnale di speranza.

Questa città mi affascina fin da quando ero ragazza. Qui si concentrano le istituzioni più potenti del pianeta: la Casa Bianca, il Congresso, il Dipartimento della Difesa, quello della Giustizia, l'Fbi, la Cia, per non parlare di quelle internazionali come la Banca mondiale e il Fondo monetario. La loro influenza si estende ben oltre i confini degli Stati Uniti. Arriva anche in Italia, forte e chiara. Dalla Seconda guerra mondiale l'impatto dei modelli americani è evidente nella nostra cultura, nel nostro modo di vedere il mondo. E nella nostra politica.

L'era Trump è stata una boccata d'ossigeno per le dinamiche nazionaliste, razziste e anti-europee che circolano per l'Unione. Trump si è presentato come il campione anti-sistema, ma cosa c'è di meno rivoluzionario di un miliardario amico dei petrolieri? In realtà, è un prodotto purissimo della gestione tradizionale del potere. E come accade per i presunti maschi alfa di casa nostra, il suo successo non nasce dal nulla, ma è il risultato di tendenze politiche e fratture sociali preesistenti. Di ideologie reazionarie, finanziate da gruppi di interesse o singoli individui, infiltrati nel mondo della stampa, nei think tank e nelle università. Tra i loro pilastri ci sono il potere patriarcale e la negazione del ruolo attivo delle donne nella società.

Ecco perché la battaglia per la Casa Bianca ci riguarda in prima persona. Ed ecco perché, a sfidare Trump, troviamo un drappello insolitamente nutrito di guerriere. Ci danno una lezione di democrazia, perché non si battono solo per i propri diritti ma per quelli di tutti: la giustizia e il rispetto della legge. Un patrimonio di valori indipendente dalle differenze tra i generi.

La senatrice della California Kamala Harris racconta che, ogni volta che l'hanno eletta in una posizione di potere (procuratrice di San Francisco, procuratrice della California, senatrice), si è sentita chiedere dai giornalisti come si sentisse a essere la prima donna a ricoprire quella carica. «E io li guardavo e rispondevo: sono lieta che lei voglia parlare dell'economia. Oppure: sono lieta che lei voglia parlare della sicurezza nazionale, della crisi climatica, dell'immigrazione, della riforma della giustizia penale. E potrei andare avanti per ore. Perché sappiamo benissimo che i problemi delle donne sono di tutti, e viceversa.»

Kamala Harris fa parte di un gruppo di sei candidate che hanno deciso di gettarsi nella mischia della nomination alle elezioni presidenziali americane del novembre 2020. Appartengono tutte al Partito Democratico, e si giocano con una certa risolutezza il ruolo di sfidante di Donald Trump. È la prima volta che ce ne sono così tante e questo è il segnale di un processo di selezione della classe dirigente adeguato ai tempi che cambiano.

I temi che affrontano sono quelli di sempre, ma se ne aggiungono altri molto importanti, spesso ignorati dai maschi. Harris, per esempio, si batte per eliminare il gap salariale e per aumentare gli stipendi degli insegnanti. Elizabeth Warren propone un sistema di asili pubblici gratuiti a livello nazionale. Conosce bene i problemi delle madri nubili che non riescono a proseguire gli studi o il percorso professionale. Nel 1978, dopo il divorzio dal marito, ha ottenuto la custodia dei due figli piccoli. Era all'inizio della sua carriera accademica come professoressa alla Rutgers University, nel New Jersey. Chiaramente, capisce quanto è importante appoggiare e incoraggiare chi cerca di conciliare famiglia e lavoro.

Anche altre quattro candidate, sebbene non tutte destinate a portare avanti la corsa fino in fondo, hanno percorsi assai speciali. Come sempre, una donna deve fare di più e di meglio per poter entrare nel gioco del potere.

In corsa per la Casa Bianca

Tulsi Gabbard, candidata delle Hawaii, è stata soldatessa con missioni in Iraq e Kuwait. In un Paese in cui il patriottismo diventa spesso una questione bellica, ha il coraggio di opporsi apertamente al militarismo americano e agli interventi all'estero, sposando invece l'arte della diplomazia internazionale. Kirsten Gillibrand, senatrice di New York, è la campionessa delle pari opportunità, visto che l'accesso a una buona istruzione per tutti diventa sempre più difficile, a causa dei costi elevati. «Voglio candidarmi a presidentessa degli Stati Uniti perché sono una giovane madre, e mi batterò per i figli degli altri con la stessa forza con cui mi batto per i miei» ha spiegato a «The New York Times». C'è poi la senatrice Amy Klobuchar, del Minnesota, convinta di essere la candidata Democratica giusta per recuperare Stati come il Michigan, la Pennsylvania e il Wisconsin, che nel 2016 hanno garantito la vittoria a Trump. Tra le sue priorità c'è la lotta contro i farmaci oppiacei, il cui abuso uccide circa 50mila americani ogni anno. Infine, Marianne Williamson, scrittrice di successo, esperta di religione e spiritualità, pilastro di numerose associazioni di aiuto ai poveri e agli ammalati. Ha un approccio molto pragmatico alla fede, un tema che ha un forte influsso nelle scelte politiche degli americani. «Una delle ragioni per cui la destra, in questo Paese, ha avuto una simile esplosione di popolarità è perché ha almeno riconosciuto l'idea di Dio, mentre i cosiddetti liberali hanno perso per abbandono. La sinistra è troppo *cool* anche solo per nominare Dio, e l'America profonda pensa: "Be', immagino che Lui quindi sia Repubblicano".»

A metà settembre, Elizabeth Warren è sotto i riflettori per un comizio molto affollato e molto femminista a New York: 20mila persone la acclamano in Washington Square, la piazza su cui si affacciava la fabbrica tessile dove, nel 1911, morirono in un incendio 146 operai di cui 123 donne. Secondo alcuni sarebbe proprio questo l'evento da cui nascono le celebrazioni dell'8 marzo. Warren ha pensato bene di rinfrescare a tutti la memoria: «Non siamo qui per celebrare uomini famosi a cui sono dedicati piazze e monumenti, ma per ricordare donne che hanno lavorato sodo e sono morte». Nell'autunno del 2019 l'esito della corsa è incerto, ma per la prima volta almeno la competizione ha visto in campo fin da principio molte donne dalle indubbie qualità. E figure note della politica americana come Joe Biden e Bernie Sanders, all'inizio candidati favoriti, sentono il fiato sul collo. D'altra parte, sono segnati da un passato che ci ha consegnato nelle mani di dilettanti egoisti e irresponsabili, che rappresentano il peggio dell'universo maschile. Potrebbero dover fare un passo indietro.

Esattamente come l'Italia, gli Stati Uniti non hanno mai avuto una leader. E si chiedono: «Una donna può fare il presidente?». Persino i Democratici non ne sono così sicuri. Buon vecchio riflesso condizionato maschilista. Ce la fai? Sei capace? Sei brava quanto un uomo? Ribalterei la questione: posso fare altrettanti danni?

Come provocazione, pongo la domanda a Jacques, che da giovane ha vissuto a Washington e segue la corsa elettorale americana con molta partecipazione. «Una presidentessa sarebbe in grado di governare l'America?» gli chiedo. Mi aspetto un sì deciso. Ottengo una specie di esplosione.

«Ma hai visto che casino? Peggio di così, cosa potrebbe fare? Hanno un presidente accusato di stupro, collusione con il nemico, intralcio alla giustizia. Un bugiardo che stringe la mano ai criminali di tutto il pianeta da Mohammed bin Salman a Kim Jong-un... e mi chiedi se una donna possa fare di meglio?» Ma era solo una domanda retorica, sono della stessa opinione: qualunque donna normale sarebbe meglio di quest'uomo devastante.

Il Congresso cambia sesso

È evidente che negli Stati Uniti si comincia a pensare, e non da oggi, che la soluzione al disastro degli ultimi anni sia femmina. A forza di volgarità, insulti e violenza, anche i sostenitori di Trump cominciano a vacillare. Si teme che stia perdendo la testa, e che il Paese possa perdere la rotta. Le donne sono agli occhi di molti la personificazione del coraggio e della serietà.

In Italia, purtroppo, siamo ancora scettici. Sebbene umiliato in diretta nella seduta in Senato del 20 agosto, il macho da spiaggia che ha animato l'estate 2019 non ha smesso di inscenare i suoi spettacoli nelle piazze e sui social. E a sinistra, dove da sempre scarseggiano le proposte al femminile, vanno in onda litigiosità, protagonismi e ripicche. Se gli italiani vogliono cambiare la classe politica, devono imparare a essere più esigenti. Un rinascimento è possibile, ma occorre che s'imponga una nuova visione politica. In cui la parola chiave è sempre: visibilità. Per le donne, le loro competenze e la loro voglia di mettersi in gioco.

Guardiamo più da vicino le dinamiche d'oltreoceano, dove l'ora della riscossa è scoccata con le legislative del novembre 2018. Si tengono due anni dopo l'elezione del presidente americano, che rimane in carica per quattro, e si chiamano appunto «elezioni di mid-term», ovvero di metà mandato.

Nel 2018, questo appuntamento elettorale si è trasformato in una specie di referendum popolare su Trump. E il verdetto è apparso di condanna. Gli americani hanno eletto una maggioranza di candidati Democratici, sottraendo ai Repubblicani il controllo della Camera. Questi ultimi hanno mantenuto la maggioranza in Senato. L'affluenza alle urne è stata elevata: oltre il 50 per cento. A noi, con il nostro quasi 73 per cento del marzo 2018, può sembrare scarsa, ma per gli Usa era la più alta dal 1914.

Un altro buon segnale: è stato eletto al Congresso un numero senza precedenti di donne. Il 23 per cento alla Camera, con centodue deputate. Un quarto del Senato, con venticinque senatrici.

Qualcuno dirà che è poco, che in una democrazia che si considera «esemplare» i numeri dovrebbero essere più alti. Sono d'accordo, ma mi sembra incoraggiante che al Congresso sia entrato anche un formidabile contingente rappresentativo della diversità nazionale: cinquantacinque afro-americani, quarantaquattro latino-americani, una quindicina di americani di origine asiatica, quattro nativi americani, e dieci rappresentanti della comunità LGBTQ+.

La presidenza della Camera è dunque andata a una Democratica: Nancy Pelosi. È un ruolo che aveva già occupato nel 2007 e nel 2011, e oggi è lei la donna più potente degli Stati Uniti. Il coronamento di una carriera quarantennale e di una vita piena, dato che ha avuto la forza di partorire e crescere cinque figli. Non male, per la figlia di una migrante italiana, Annunziata Lombardi, partita da Fornelli, in provincia di Isernia, per arrivare a Baltimora, nel Maryland.

Pelosi ha settantanove anni e l'energia di una ragazza. Sempre elegante nei suoi abiti dai colori vivaci, dietro il suo sorriso luminoso si celano però nervi d'acciaio. Sa come aprirsi la strada nella giungla politica di Washington, e ha ingaggiato un duello mortale con Trump. Non solo: se saprà scegliere la strategia giusta lo porterà alla sconfitta nel 2020. Però, se sbaglia, rischia di aiutarlo a essere rieletto.

Perché è Nancy Pelosi ad aver esercitato, dopo molto tergiversare, il potere di istituire una procedura di impeachment, ovvero di destituzione del presidente.

Come cade un presidente

Per capire meglio, dobbiamo entrare nei dettagli. Sembrano complessi, ma in realtà sono appassionanti quanto una serie televisiva. La battaglia che infuria a Washington è più feroce di quelle immaginate a Hollywood.

Da quando i Democratici hanno preso il controllo della Camera, si è aperta la possibilità di avviare inchieste parlamentari su Trump, da parte di potenti commissioni come quella della Giustizia o dei Servizi segreti. Queste hanno la facoltà di convocare e interrogare le persone ritenute in possesso di informazioni importanti. I testimoni depongono sotto giuramento, e chi mente rischia la prigione; le sedute sono in genere trasmesse in diretta tv. Da mesi, gli inquirenti hanno messo sotto osservazione The Donald e la sua famiglia: i legami con alti funzionari russi, i tentativi di bloccare le indagini sulle presunte collusioni, e quelle sugli affari finanziari suoi e delle sue società. Alla Camera, ma anche al Senato, si è riaperto il dossier che era stato chiuso dal celebre consigliere speciale Robert Mueller.

Mueller, ex capo dell'Fbi, nel marzo 2017 era stato incaricato di indagare sui legami con la Russia nella campagna presidenziale di Trump, e su ogni altra attività sospetta. Enormi poteri, dunque, per condurre un'inchiesta a 360 gradi sul presidente e i suoi business. Il risultato è stato, nel marzo 2019, un rapporto di 448 pagine. Mueller non è riuscito ad avere accesso ai documenti ufficiali della Casa Bianca che avrebbero potuto provare il coinvolgimento del presidente nel Russiagate. Ha concluso che non poteva scagionarlo ma non aveva il potere di perseguirlo. E che spettava al Congresso giudicare se Trump avesse violato la Costituzione. Il Congresso ha infatti il potere di destituire il presidente, in un percorso a due tappe. Un'inchiesta davanti alla Camera (oggi a maggioranza Democratica) e un «processo» davanti al Senato (ancora in mano ai Repubblicani).

Il dibattito ha infuriato a lungo, negli Usa. Secondo i Democratici più agguerriti, avviare il procedimento di impeachment avrebbe dato un messaggio chiaro: nessuno è al di sopra della legge. Secondo i

Repubblicani più accaniti, le accuse al loro leader erano un vero e proprio tentativo di colpo di Stato contro un presidente eletto dal popolo che si oppone al sistema.

La guerra di Nancy

Ecco il dilemma americano: fino a che punto ci si può spingere, per allontanare un capo politico divenuto pericoloso per la nazione? Nella storia, pochi si sono trovati nella posizione di dover prendere questa decisione. Stavolta è toccato a Nancy Pelosi. Solo il presidente della Camera, infatti, può aprire le inchieste che danno il via al procedimento di impeachment. Così una donna si è trovata in mano i destini di un continente. E sulle spalle un'enorme pressione.

La strategia di Nancy è stata a lungo quella di attendere. Come altri, era convinta che occorresse lasciar soffrire Trump fino all'appuntamento elettorale del 2020, contando sui cittadini per vibrare il colpo finale, alle urne.

Violentemente contrarie a questa linea di condotta erano, all'interno del partito, altre donne: le deputate Alexandria Ocasio-Cortez, Ilhan Omar, Rashida Tlaib e Ayanna Pressley. Tutte elette per la prima volta a novembre 2018, le chiamano «la banda delle quattro» o «la squadra». Da una parte, quindi, la politica più potente della storia americana, dall'altra un gruppo di parlamentari di colore forti e determinate, tutte a modo loro «da record».

Ocasio-Cortez, ventinovenne, è la più giovane mai eletta al Congresso; Tlaib e Omar sono le prime legislatrici musulmane; Pressley è la prima rappresentante di colore del Massachusetts. Sono ardenti liberali che i Repubblicani bollano come «socialiste». Contro di loro, The Donald si è scatenato a colpi di tweet invitandole ad andare a fare del bene nei loro «Paesi d'origine»: «Perché non se ne tornano là e aiutano a sistemare i posti disastrati e pieni di criminali da cui vengono? Poi possono venire a spiegarci come si fa».

Le risposte non si sono fatte attendere: Ocasio-Cortez: «Signor presidente, il Paese da cui "provengo", e che tutti abbiamo giurato di servire, sono gli Stati Uniti». E ancora: «Lei conta su un'America spaventata per poterla saccheggiare». Anche Omar si è rivolta direttamente a Trump in un tweet: «Sta attizzando il nazionalismo bianco, la fa infuriare che persone come noi siano al Congresso, a lottare contro le sue politiche piene di odio». E Tlaib: «Ha paura delle donne di colore... perché noi non abbiamo paura di lui, e di farci sentire, e di dire che alla Casa Bianca c'è un suprematista bianco che diffonde odio. Ha paura perché noi abbiamo un programma reale per il popolo americano». Lapidaria Pelosi, che ha difeso le colleghe che la criticavano, commentando che il famoso slogan «*Make America great again*» si rivelava per ciò che era veramente: «*Make America white again*».

A settembre, questa vicenda ci ha regalato un nuovo colpo di scena: un altro scandalo venuto da Est, una presunta telefonata di Trump al presidente ucraino Volodymyr Zelens'ky fatta con lo scopo di influenzare la corsa presidenziale del 2020. A questo punto, Nancy Pelosi ha rotto gli indugi e avviato la procedura di impeachment. È ovvio che il futuro di questa vicenda è incerto, ma una cosa è già chiara: in un'America che segue col fiato sospeso uno degli scontri più duri della sua storia recente, gli uomini sono apparsi irrilevanti. Le donne hanno preso in mano il processo decisionale al Congresso, hanno discusso accanitamente sul da farsi, hanno cercato insieme una soluzione. E infine, una di loro ha agito.

Anche in Italia dovremmo selezionare i migliori talenti femminili per valorizzarli sulla scena politica. Le donne, però, devono farsi avanti, imparare ad alzare la voce e rischiare in proprio. Sul fronte europeo, più d'una ha già cominciato.

7
Europa: Wind of Change

Ammettiamolo: è kitsch. E fa un po' sorridere. Ma io, da europea, ho provato anche orgoglio guardando il video della cerimonia con cui Ursula von der Leyen ha passato il testimone alla nuova ministra della Difesa tedesca, Annegret Kramp-Karrenbauer, sotto lo sguardo soddisfatto della Cancelliera Angela Merkel. È una notte di metà agosto 2019 a Berlino e l'esercito tedesco rende loro omaggio con la più ufficiale delle cerimonie: la banda militare, come da tradizione, ha chiesto alla ministra di indicare un brano da eseguire per l'occasione. E von der Leyen ha scelto *Wind of Change* degli Scorpions, una *ballad* che il celebre gruppo hard rock ha pubblicato nel 1990.

Wind of Change ha avuto un successo planetario e in particolare è stata adottata come inno della riunificazione fra le due Germanie. Ecco il perché della svolta rock di Ursula von der Leyen, che dopotutto in quegli anni era una giovane poco più che trentenne, e certo non immaginava di finire su questo palco. La «notte di gloria in cui i figli del domani sognano nel vento del cambiamento», per retorico che possa suonare, per lei è questa. E in realtà, lo è anche per noi.

Guardo i visi seri delle due ministre, nei loro abiti chiari. Gli abbracci tra loro e con Angela Merkel: donne che si sono spalleggiate, promosse, aiutate. Ursula von der Leyen ora dovrà dimostrarsi all'altezza di un compito molto arduo. È stata eletta presidentessa della Commissione europea, la prima a ricoprire la più potente carica politica del nostro continente. Non è solo un suggello del suo valore, è anche una risposta alle correnti anti-europeiste, alimentate dalle ideologie machiste.

Due donne forti...

Von der Leyen, figlia di un uomo politico ma con un dottorato in Medicina (con tesi sulla salute femminile), è stata ministra per quattordici anni, sempre a fianco di Angela Merkel, di cui è una fedele alleata. Primo incarico, ministero della Famiglia:

d'altra parte ha sette figli, non era una scelta irragionevole. Il suo obiettivo di punta nei primi cento giorni: riorganizzare e potenziare il sistema degli asili nido pubblici in Germania. In seguito alle sue misure la natalità, che era drasticamente calata, ha ricominciato a crescere. È stata poi ministro del Lavoro e infine, per quasi sei anni, della Difesa. Prima di lei ai vertici del sistema militare tedesco non c'era mai stata una donna, e ora ce n'è un'altra.

In Germania, quello della Difesa non è un ministero facile: le ferite del passato sono troppo profonde. Chiunque occupi quel ruolo deve mettere in conto polemiche. Trump, che detesta Merkel, ha accusato la Germania di non spendere abbastanza per la difesa, poco più dell'1,2 per cento del Pil. I militari tedeschi hanno lamentato più volte armamenti obsoleti e una cronica mancanza di investimenti. E sull'assegnazione degli appalti è scoppiato uno scandalo, con un'inchiesta parlamentare incaricata di chiarire le responsabilità all'interno del ministero sotto la guida di von der Leyen.

Nelle occasioni in cui l'ho incontrata, mi è sembrata preparata, pragmatica, diretta, e sempre molto femminile. Una persona che sa rischiare e non teme di affrontare gli ostacoli, anche quando sembrano insormontabili. Sono doti che servono alla Ue, ora più che mai.

Nel discorso davanti al Parlamento europeo in cui sosteneva la propria candidatura, aveva preso un impegno: «Garantirò la piena parità di genere nella mia Commissione. Se gli Stati membri non proporranno un numero sufficiente di commissarie, non esiterò a chiedere altri nomi. Dal 1958 ci sono stati 183 commissari, di cui solo 35 donne. È meno del 20 per cento. Rappresentiamo metà della popolazione e vogliamo la parte che ci spetta». E ha aggiunto: «Ne sono convinta: se chiudiamo questo divario, ne usciremo più forti come Unione».

Le ho mandato un messaggio di congratulazioni: sono contenta che una politica competente, intelligente e forte come lei sia stata scelta per questa alta responsabilità. Mi ha risposto subito con un ringraziamento gentile, concludendo con un francese «*à bientôt*». Von der Leyen è una donna di parola: il 10 settembre, ha annunciato la composizione di una squadra quasi perfettamente equilibrata.

Un amico parigino, Jean-Dominique Giuliani, presidente della Fondation Robert Schuman, ha scritto in un articolo: «Era ora che l'Europa nominasse una donna ai più alti livelli delle istituzioni comunitarie. Sulla scena internazionale, questo non mancherà di relativizzare gli effetti del concorso di bellezza da maschi dominanti a cui si dedicano i presidenti americano, cinese e russo. Gli abitanti del pianeta ne hanno palesemente abbastanza».

Esatto: basta! Nelle stesse settimane, un'altra nomina a Bruxelles ha ribadito il concetto. Christine Lagarde, che era stata nominata nel 2011 direttrice del Fondo monetario internazionale (prendendo il posto di Dominique Strauss-Kahn travolto, tanto per cambiare, da un vergognoso scandalo sessuale), viene chiamata a capo della Banca centrale europea, dove succede a Mario Draghi. Ancora una volta, è la prima in questo ruolo, in cui dovrà coordinare la politica finanziaria dell'Eurozona, la seconda potenza economica mondiale. E il suo posto al Fmi è stato preso da un'economista: la bulgara Kristalina Georgieva, ex commissaria europea.

Ho incontrato Lagarde diverse volte e la trovo molto competente oltre che affascinante, con i suoi occhi chiari, il fisico alto e slanciato e gli abiti sempre scelti tra le più grandi firme francesi. Non è solo questione di buon gusto o di eleganza, ma di politica: la definiscono una «ambasciatrice della moda francese», uno dei settori trainanti dell'economia del suo Paese. La frivolezza non le appartiene: otto anni alla testa del Fmi nel pieno di una crisi economica e finanziaria mondiale, la peggiore dal dopoguerra, non sono un compito di tutto riposo. Come ogni persona di potere, avrà fatto i suoi errori. Ma sembra che sia destino femminile essere sempre criticate assai più di un maschio nella stessa situazione. Ci viene chiesta la perfezione, e al primo passo falso cala la mannaia.

Durante una puntata del *Daily Show* del giugno 2019, il conduttore Trevor Noah le ha chiesto se conoscesse il concetto di «*glass cliff*», il precipizio di vetro. È il fenomeno per cui, quando ci si trova in una situazione davvero disperata, si dà il comando a una donna. Se ha successo, tanto meglio. Se fallisce, come è probabile, si potrà dire che le femmine sono incompetenti. Mettere Christine Lagarde al timone del Fondo monetario, mentre così tanti Paesi si trovavano schiacciati sotto il peso della crisi, era un esempio da manuale. «Proprio così!» ha risposto Lagarde. «Quando le cose si mettono davvero male, allora chiamano una donna.»

La promozione del talento femminile è un suo cavallo di battaglia da sempre. Ha ricordato spesso che la parità di genere è un'urgente necessità da un punto di vista etico, ma anche economico. «Come ho detto più volte, se al posto dei Lehman Brothers ci fossero state le Lehman Sisters, il mondo oggi potrebbe essere diverso.»

Le ricerche condotte dallo stesso Fmi, ha dichiarato in un'intervista a «The Guardian», dimostrano che un settore bancario più «rosa» sarebbe più stabile. «Abbiamo osservato che quando ci sono più donne, le riserve di capitale sono maggiori, la quantità di crediti deteriorati inferiore e il tasso di rischio più basso. Non è un caso: c'è una forte correlazione.» Ha aggiunto che il tasso di crescita che si otterrebbe dalla parità di genere potrebbe toccare il 35 per cento nei Paesi al momento più sbilanciati. Più potere e più lavoro alle donne significano «più crescita, riduzione delle diseguaglianze sociali, economia più forte e un Paese più diversificato e orientato alle esportazioni».

Lagarde, in questa intervista, tocca anche il tema della violenza e della discriminazione. Il #MeToo, a cui si dichiara «infinitamente favorevole», è solo la punta di un iceberg terrificante. Nelle pieghe della Costituzione o delle leggi dell'88 per cento delle nazioni sul pianeta si nascondono restrizioni alla presenza femminile: «In alcuni casi è proibito loro l'accesso a determinate professioni, cinquantanove Paesi non hanno leggi contro le molestie sul posto di lavoro, in diciotto può essere loro vietato avere un impiego».

Assumere più donne e affrontare il problema del sessismo è la chiave per un mondo più ricco, più equo e meno esposto a devastanti collassi finanziari. Un programma vasto, certo, per un'Europa in crisi. Ma Christine Lagarde non si lascia impressionare. «Le crisi rafforzano l'Unione europea perché ne emergono reazioni positive» ha spiegato in più di un'occasione. «L'unione doganale europea deve dimostrare la propria forza, mostrare i muscoli per imporre le sue regole fondamentali: multilateralismo, tolleranza e coesione.»

Si tratti o meno di due casi di *glass cliff*, queste nomine a due ruoli chiave dell'Europa mi danno speranza nel futuro. E devono ricordare a tutti noi, e ai nostri politici in Italia, che polemiche e slogan anti-europeisti che infiammano i social non contano niente nel mondo reale. Contano i fatti.

Per tornare a giocare la partita della politica internazionale, da cui grazie alle sparate di alcuni leader siamo stati esclusi per mesi, come scolari capricciosi in castigo, dobbiamo assumere un altro atteggiamento, cosa che il governo Conte bis pare stia facendo. Proposte e soluzioni concrete (per favore, al femminile). Non slogan e pugni sul tavolo. Il «prima gli italiani» ci ha relegati agli ultimi posti nella Ue: senza credibilità e senza influenza. Prima gli europei, invece. *Noi* europei.

... e un (altro) maschio inutile

L'altro Paese che ha pensato di potersene fregare dell'Europa non si sente tanto bene. Il Regno Unito è in una situazione disastrosa.

Una delle prime e principali sfide per Ursula von der Leyen e Christine Lagarde è la Brexit, l'uscita della Gran Bretagna dall'Unione europea. Dalla vittoria del «*Leave*» nel referendum del 2016, la Brexit è costata la carriera a ben due primi ministri inglesi, David Cameron e Theresa May. Su un terzo, Boris Johnson, è ricaduto il compito di attuare una decisione che ha già colpito duramente l'economia britannica. I cittadini stessi non sono più tanto sicuri di aver fatto la cosa giusta: dalla fine di ottobre 2018, secondo il sito What UK Thinks, tutti i sondaggi indicano una tendenza a voler restare nella Ue. «*Remain*». Boris Johnson ovviamente non è d'accordo.

Ed eccone un altro, dei maschi cosiddetti alfa che imperversano in politica. Si presenta come un leader populista ma è un'espressione dell'élite: ha studiato a Eton, non certo un'istituzione alla portata del «popolo» dato che è uno dei college privati, per soli uomini, dove si forma la classe dirigente del Paese. Poi ha provato a fare il giornalista, ma è stato cacciato da «The Times» per aver inventato alcune notizie. È passato a «The Daily Telegraph» dove si è costruito una solida reputazione di re delle *fake news*. Come corrispondente del quotidiano a Bruxelles, è divenuto il portavoce degli euroscettici, la posizione perfetta secondo il proprietario della testata, il canadese Conrad Black, neoliberale convinto e inveterato sostenitore di Trump... condannato negli Stati Uniti per frode contabile.

Johnson ha ottenuto il sostegno degli ambienti finanziari britannici per la sua elezione a deputato, poi a sindaco di Londra, per otto anni. Dal 2016 al 2018 è stato ministro degli Esteri e nel luglio 2019 ha sostituito Theresa May a capo del partito Tory e come primo ministro. Con la missione di far uscire il suo Paese dall'Europa limitando il più possibile i danni.

Non sarebbe un compito facile per nessuno, meno che mai per un uomo che non brilla per eleganza né per diplomazia. Ha una vita privata piuttosto complessa: due matrimoni, un divorzio alle spalle e uno in corso, alcune relazioni, progenie più o meno ufficiale. I britannici l'hanno soprannominato «BoJo» e il suo scopo principale, più che governare i cittadini, sembra essere di intrattenerli con le sue uscite di dubbio gusto. Parlando delle donne musulmane – che a Londra sono numerose –, ha commentato: «È del tutto ridicolo che delle persone scelgano di andare in giro conciate come cassette delle lettere». Il riferimento è ovviamente al *niqab*, il velo integrale che lascia scoperti solo gli occhi. E basta dare un'occhiata a video e foto che illustrano il suo primo viaggio europeo da premier, nell'estate 2019, per sentirsi cadere le braccia. Un buffone al comando. Durante una conferenza stampa a Berlino ha scatenato l'ilarità dei giornalisti (Merkel si è limitata a un sorrisetto tirato) esclamando: «*Wir schaffen das!*», ce la faremo! È il motto usato dalla Cancelliera, nell'agosto 2015, nel pieno dell'emergenza migratoria, per invitare il suo Paese a più ottimismo e più generosità nell'affrontare i flussi. Ha rischiato di costarle caro e forse non era proprio la citazione giusta per quell'occasione ufficiale. A Parigi, Johnson si è fatto fotografare con un piede sul tavolino, durante il colloquio ufficiale con Macron all'Eliseo. Dal momento che ha ricevuto un'istruzione costosa, non è possibile che non conosca il galateo, per cui queste uscite sono frutto di una precisa strategia della comunicazione. Probabilmente, ritiene di costruirsi così un profilo da vincente disinvolto. Ma non bastano le sbruffonate a portare avanti un negoziato delicato come la Brexit.

Campione della linea dura, nell'estate calda BoJo ha portato avanti con forza l'ipotesi di un'uscita dalla Ue senza accordo, il cosiddetto «*no deal Brexit*». E in una serrata battaglia tra lui e le istituzioni democratiche, ha perso sei a zero, umiliato sei volte dal Parlamento che aveva provato a calpestare. Membri importanti del suo partito, tra cui suo fratello, lo hanno abbandonato platealmente facendo crollare la sua maggioranza. Il Parlamento si è mobilitato per votare a rotta di collo la legge contro il «*no deal Brexit*». In un concitato inizio di settembre, la scena del leader populista, all'attacco delle istituzioni, moralmente schiaffeggiato a Westminster dal suo stesso partito, ha riportato alla mente degli italiani la caduta di Salvini in Senato.

Infine, la sospensione dei lavori del Parlamento decisa da Johnson poche settimane prima è stata dichiarata illegale dalla Corte suprema inglese. Westminster ha ripreso le attività in sua assenza costringendolo a rientrare in tutta fretta dal vertice dell'Onu a New York, come un bambino richiamato a casa dalla festa con gli amici. L'eroina del momento era la presidentessa della Corte suprema, Lady Brenda Hale, femminista settantaquattrenne con una passione per le spille a forma di insetto. Due donne, l'avvocatessa dei diritti umani Gina Miller e la politica scozzese Joanna Cherry, spiccano nel gruppo di parlamentari e attivisti che hanno lavorato per questa storica sentenza («Johnson dovrebbe avere il fegato di dimettersi» ha dichiarato Cherry all'indomani della decisione della Corte). Ed è sempre una donna a essersi trovata in imbarazzo per la situazione: la regina Elisabetta, che aveva firmato la sospensione del Parlamento rivelatasi incostituzionale.

Nella caotica situazione dell'Inghilterra che si avvicina, a singhiozzo, alla Brexit, due elementi emergono con chiarezza. Il primo è che anche in questo caso, come in quello americano, non sono gli uomini a trovarsi al centro della scena, se non in modo negativo. Il secondo, che non riguarda solo la Gran Bretagna, è l'inaffidabilità dei leader surfisti, che si pavoneggiano sulla cresta dell'onda per poi autoaffondarsi. Il loro egocentrico machismo li rende schiavi della propaganda. Si sentono forti, ripetono a gran voce di esserlo e se ne convincono. Poi, però, lo scontro con la realtà è fragoroso. L'economia, per esempio, è più forte della retorica.

Poco prima del viaggio di Johnson in Germania e in Francia, la stampa ha svelato un rapporto riservato dei servizi segreti britannici sulla catastrofe che il Paese rischia in caso di «*no deal Brexit*». *Yellowhammer*, il «Martello giallo», è il titolo della relazione, classificata come top secret. Passata sottobanco a «The Sunday Times», è stata ripresa dai media internazionali. Secondo questa analisi, in caso di uscita senza accordo aumenterebbero i prezzi del cibo e dell'assistenza sociale, ritarderebbero le consegne di medicinali, operazioni doganali divenute più complesse rallenterebbero l'approvvigionamento di petrolio. Ci sarebbero gravi problemi in tutti i porti – non dimentichiamo che stiamo parlando di un'isola – risolvibili in tre mesi, ma non senza una perdita di traffico tra il 30 e il 50 per cento. Se qualcuno in Italia ancora pensa che la Ue sia la causa di tutti i nostri mali e che staremmo meglio senza, legga prima il rapporto degli 007 inglesi.

Perché qualcuno lo pensa. Il campo degli euroscettici si è allargato. Basta vedere il successo ottenuto alle elezioni europee del maggio 2019 dalla Lega, che dell'Europa non è certo amica, sebbene Salvini ne abbia ricevuto per anni lauti stipendi. Va giocata invece senza retropensieri né tatticismi la carta dello sviluppo europeo e della solidarietà tra gli Stati membri.

I volti dell'Europa

So che è di moda prendersela con l'Europa. È anche comodo, non a caso ci sono cascati politici di ogni schieramento. È un bersaglio facile: lontana, astratta, burocratica. Colpevole di tutto, dalle migrazioni di massa alle chiusure delle fabbriche. Dai tagli alla spesa pubblica alla giungla normativa. Sventolando la lista di queste considerazioni false, gli «uomini forti» cercano di indebolire l'Unione. E qualcuno, nell'opinione pubblica, ci crede, perché è un capro espiatorio perfetto per le proprie e altrui colpe. Una soluzione semplice a problemi complessi. Così, nella testa di troppe persone ingannate dalle sirene populiste, l'Ue ha l'aspetto di un esercito di funzionari senza volto che succhiano il sangue dei bravi cittadini italiani.

Io ho passato a Bruxelles quattro anni e mezzo, ho lavorato all'interno di quella «burocrazia», che in realtà è una grande espressione di democrazia. Sono stata eletta con una marea di voti al Parlamento europeo nel 2004, battendo Silvio Berlusconi nella circoscrizione di Centro. Me ne sono andata alla fine del 2008, per tornare alla mia professione e condurre *Otto e mezzo*. Ho rinunciato al vitalizio. In compenso, mentre ero deputata, ho cercato di impegnarmi sempre. Ero membro indipendente del Gruppo socialista. Ho fatto parte della Commissione per le libertà civili, la giustizia e gli affari interni e della Commissione per gli affari esteri. Come presidentessa della Delegazione per le relazioni con gli Stati del Golfo, compreso lo Yemen, ho viaggiato in tutto il Medioriente, ricevuto principi e sceicchi a Bruxelles, e si vedeva che faticavano a trattare con una donna. Ma si adattavano, perché stavano parlando con l'Europa, e ne avevano bisogno. Grazie al prestigio e alla forza che ci dà l'Unione possiamo condurre negoziati più efficaci e far valere la nostra influenza. Possiamo cercare di migliorare la vita dei nostri cittadini e incoraggiare il rispetto dei diritti umani negli altri continenti.

Siamo un'esperienza unica nella storia del mondo. Un patto di Stati e di popoli che hanno deciso di proteggere insieme le libertà individuali, e di costruire un benessere comune. Non occorre ricordare le guerre o gli orrori del passato per giustificare l'Europa di oggi. Basta misurare i progressi fatti in ogni campo: la sanità pubblica, le nuove tecnologie, la giustizia, la qualità dell'insegnamento, i diritti delle minoranze. Certo, ci sono difetti, ritardi, problemi. Ma nessun Paese, da solo, avrebbe saputo affrontare con sufficiente forza la difficile ricostruzione materiale e morale dell'immediato dopoguerra; misurarsi con le gravi tensioni della Guerra Fredda e le sfide della globalizzazione nel commercio e nella finanza.

E l'Europa, uno spazio di libertà e di opportunità, mette le donne al centro del suo progetto. Da quando è stata fondata, difende la parità di genere, in principio e in pratica. È una storia di successo, un successo che fa paura a molti.

Trump, Putin e Xi Jinping vedrebbero volentieri il nostro continente disgregato. Non per niente l'Ue è sempre impegnata a difendersi dai giganti americani dell'online, dalle manipolazioni russe dell'informazione e dalla minaccia di un dominio tecnologico cinese. Difende noi, non solo se stessa. E chi diffonde slogan anti-europei senza nemmeno sapere di cosa parla, solo per convenienza elettorale, è nel migliore dei casi uno stolto e nel peggiore connivente con il nemico.

Contro questa gente non si può abbassare la guardia e tanto per cambiare in prima linea ci sono, devono esserci, le donne. Che sanno benissimo cosa significano la guerra e la pace, cos'hanno conquistato e cos'hanno da perdere.

8
Beni comuni

Alexandria Ocasio-Cortez nel suo ufficio di New York, Greta Thunberg a casa propria, in Svezia. Una conversazione via internet che somiglia a un vertice politico di nuova generazione. Si sono parlate alla fine di giugno 2019, quasi in contemporanea con il G20 e senza spendere soldi né combustibile in spostamenti.

Ocasio-Cortez, come abbiamo visto, è in carica dalle elezioni di mid-term del 2018. Tra le sue prime azioni politiche c'è il Green New Deal, presentato dai Democratici. Viviamo una nuova Grande Depressione, è stato il suo appello, in cui l'ingiustizia sociale va a braccetto con il cambiamento climatico. I due problemi devono essere risolti insieme.

Il piano illustrato nel documento prevedeva per gli Stati Uniti di raggiungere un'economia «*carbon neutral*», ovvero a emissioni zero, nel giro di soli dieci anni, riducendo la dipendenza da combustibili fossili e investendo in fonti rinnovabili. Un obiettivo troppo ambizioso. La risposta di Trump, in uno dei suoi iperbolici tweet: «Sarebbe fantastico che la cosiddetta *carbon footprint* eliminasse tutti gli aerei, le auto, le mucche, il petrolio, il gas e l'esercito – anche se nessun'altra nazione farebbe lo stesso. Splendido!». I Repubblicani non hanno perso tempo a bollare il progetto come «socialista», un'idea da hippy della West Coast o, tutt'al più, da intellettuali newyorchesi. Ma anche i Democratici non si sono mostrati granché convinti. A marzo la proposta è stata sonoramente bocciata in Senato.

Una sconfitta annunciata, in un Senato dominato dai Repubblicani legati a doppio filo alle lobby dei combustibili fossili. Ma la loro è una visione con il fiato corto, anche economicamente: l'indifferenza alla sfida delle energie rinnovabili è destinata a costarci cara.

Una delle prime a capirlo è ancora una volta Angela Merkel che, il 20 settembre, annuncia un piano di riforme da 54 miliardi di euro fino al 2023, per portare la prima economia d'Europa su una via più verde. Prevede una tassa sull'impronta di carbonio per incoraggiare le aziende a scegliere fonti alternative. E aiuti pubblici per spingere i cittadini a scegliere soluzioni più sostenibili nei trasporti, nelle soluzioni abitative, anche nella spesa quotidiana. Nella decisione hanno pesato i Verdi tedeschi, con la nuova influenza conquistata alle ultime elezioni, ma Merkel è una politica intelligente e lungimirante, sa che salvaguardia dell'ecosistema e sviluppo sono inscindibili, anche nelle economie più ricche.

Secondo un recente studio della Federal Reserve Bank of Dallas, entro il 2100 la mancanza di politiche sull'ambiente costerebbe agli Usa il 10,5 per cento del Pil, all'Italia il 7. E se l'impatto sul pianeta a molti sembra un problema astratto, l'impatto sul portafoglio è più facile da capire.

Il buon risultato dei Verdi tedeschi e il successo delle liste verdi alle ultime elezioni europee hanno già certificato che i temi ecologici interessano agli elettori. Il fenomeno Greta Thunberg ha portato alla ribalta le generazioni dei giovani e dei giovanissimi, una categoria finora piuttosto negletta dalle forze politiche. Ma che ha mostrato di poter aggregare consenso: nella settimana dello «Sciopero Ambientale Globale», dal 20 al 27 settembre 2019, milioni di persone, in gran parte studenti, si sono mobilitate in tutto il mondo – moltissime anche in Italia – per chiedere azioni più incisive ai loro governi.

Due ragazze per il pianeta

Greta: la liceale svedese che ha conquistato l'attenzione internazionale con i suoi «scioperi» del venerdì, protestando contro l'indifferenza alle istanze ambientaliste davanti al Parlamento del suo Paese. Diventata una beniamina dei media, la ragazza ha arringato le istituzioni Ue, il Forum di Davos, il Congresso, Papa Francesco, l'Onu. Com'era prevedibile, il partito degli *haters* si è attivato subito e le hanno detto di tutto: che è un fenomeno mediatico, un pupazzo dei think tank, dei massoni, delle lobby radical chic, delle case editrici, che è un'extraterrestre (per la precisione rettiliana), che è estremista, settaria, ossessiva. Toni inaccettabili, dato che tanto per cambiare si è scatenata su di lei la violenza verbale machista. Stupidina, boriosa, disagiata, una da mettere sotto con la macchina, e fiumi di dubbia ironia sul suo aspetto fisico, sulle trecce, sulla fronte corrucciata, sui difetti di pronuncia dovuti alla sindrome di Asperger. Essere imbronciata e poco seduttiva è una colpa ancora più grave che essere un'attivista, evidentemente. Lei risponde colpo su colpo e in un'intervista a «Die Welt» ha definito Trump «un pazzo molto pericoloso».

Greta Thunberg non è un capo di Stato né un leader politico ed è lei stessa a ripetere: «*It's not about me*», non è di me che dovete parlare. Lei è solo il messaggero, insiste, meglio concentrarsi sul messaggio. Come scrive Julian Baggini su «The Guardian», chi non vuole ammettere la gravità del problema ha in Greta un bersaglio facile: «Perché impegnarsi a formulare critiche serie a migliaia di scienziati adulti quando puoi prendertela con una giovane militante con le trecce?». Come nel caso del calcio femminile, vedendo tanta violenza viene anche un altro dubbio: non sarà che un movimento ambientalista capace di portare alla ribalta giovani donne di carattere comincia a fare paura, nelle cittadelle del potere?

Nel dialogo a distanza tra Thunberg e Ocasio-Cortez, quest'ultima lo dice chiaramente: «La forza con cui ci combattono indica le dimensioni del potere che stiamo sfidando. Si può reagire con la disperazione oppure con la speranza, pensando: siamo così forti da riuscire a opporci a simili colossi in maniera credibile, mettendo in piedi un vero movimento».

Le giovani generazioni, concordano le due donne, hanno in mano poco potere e in testa molte preoccupazioni. Dice Greta: «La maggior parte di noi sa che il problema ambientale avrà un impatto sul nostro futuro. Non stiamo parlando di una remota possibilità, ma di un fenomeno che è già in corso e peggiorerà le nostre vite». E conclude: «Il punto è che le persone non sono davvero consapevoli della crisi climatica. Se non cambiano, se non agiscono, non è perché sono cattive o non vogliono. Non stiamo distruggendo la biosfera perché siamo egoisti, ma solo perché siamo ignari».

Arrivato all'indomani della delusione per il fallimentare G20 di Osaka, questo dialogo mi è sembrato un segno incoraggiante. Un discorso pieno di futuro e di speranza, invece che di paura e di violenza.

Anche se, quando si arrabbiano, le giovani attiviste non le mandano a dire. A settembre, Greta Thunberg raggiunge in barca a vela gli Stati Uniti per parlare all'Onu. E rampogna i grandi della Terra ricordando loro che a breve, se le cose non cambiano radicalmente, non avranno più un pianeta da dominare. E da sfruttare. «Da più di trent'anni la scienza è molto chiara. Come osate continuare a guardare da un'altra parte? E a venire qui dicendo che state facendo abbastanza, quando non si vedono ancora da nessuna parte le politiche che sarebbero necessarie?» Citando dati e cifre conclude: «Oggi non verranno presentate soluzioni o piani in linea con queste cifre. Perché sono troppo scomode. [...] Non vi permetteremo di farla franca. Qui, ora, noi diciamo basta. Il mondo si sta svegliando».

Tra le parole pronunciate dalla giovane attivista ce n'è una particolarmente importante: «indifferenza». È il nemico numero uno: l'arroganza che ci rende ciechi di fronte al più grande problema che tutti abbiamo di fronte.

Toc toc…

L'estate del 2019 è un bollettino di guerra di disastri naturali: una siccità terribile in India, tempeste devastanti in Louisiana, piogge torrenziali e inondazioni in Nepal, Bangladesh, Cina, i roghi della Siberia.

Il pericolo peggiore è però invisibile: lo respiriamo. Secondo l'ultimo rapporto Ocse sulla «Green Growth», del 2017, il maggiore rischio ambientale nel mondo è l'inquinamento dell'aria. Mezzo milione di morti l'anno, un costo pari al 3,6 per cento del Pil complessivo dei 46 Paesi presi in considerazione. D'altronde, dal 1990 le emissioni di anidride carbonica sono cresciute del 58 per cento. Siamo ancora per l'80 per cento dipendenti dai combustibili fossili. Gli investimenti pubblici nella green economy sono modesti, così come l'impatto di questo settore sull'economia. Anche le politiche fiscali «verdi» non sono molto utilizzate: rappresentano solo il 5,2 per cento del reddito fiscale annuo. Oltre all'aria pulita e alle risorse, consumiamo territorio con nuove costruzioni e produciamo tonnellate di rifiuti: 516 chili l'anno per ogni abitante di un Paese Ocse. Tutti questi numeri devono cambiare e ottenere un simile risultato non è solo un impegno politico, è un impegno individuale.

In Sardegna, ad agosto, Jacques si rassegna ad accompagnarmi a comprare i quotidiani, dicendo che gli tocca farmi da guardia del corpo. Assiste quasi ogni giorno a quello che chiama «il toc toc di Lilli»: il suono delle mie nocche contro il finestrino chiuso delle auto che aspettano qualcuno, fuori dal negozio di alimentari e giornali. Con il motore acceso.

Il finestrino si abbassa, il guidatore mi guarda interrogativo, e io gli chiedo in tono cordiale: «È consapevole che tenendo il motore acceso sta inquinando l'aria di tutti? È anche vietato dall'articolo 157 del Codice della strada». Le reazioni, a questo punto, variano. Non mancano quelle scortesi o verbalmente violente, con una buona dose di vaffa. Ma sono di più quelli che girano subito la chiave nel quadro con aria imbarazzata: non ci avevano pensato.

Come dice Greta Thunberg: la gente non è cattiva, è ignara. Aggiungerei che è soprattutto menefreghista. La totale assenza di rispetto per l'ambiente, che è un bene comune, mi fa arrabbiare e mi spaventa. Cresciuta nel verde Sud Tirolo, dove la cura per la natura è da sempre una parola d'ordine, per me non buttare le cicche per terra quando fumavo, non lasciare le luci accese, non sprecare acqua è sempre stata una questione di educazione e consapevolezza. Come facciamo a non capire che l'aria che respiriamo, il verde che calpestiamo, il mare in cui nuotiamo sono il più grande patrimonio non solo nostro ma dei nostri figli e nipoti? L'incuria e la cecità verso i danni che produciamo non sono distrazioni: sono atti criminali veri e propri. E la relazione tra diseguaglianza e crisi climatica è stretta: la catena che unisce povertà, ignoranza, inquinamento, disastro ecologico e altra povertà è un circolo vizioso che va spezzato. Non solo nei Paesi in via di sviluppo.

Nell'agosto 2019, incendi devastanti in Amazzonia mettono a rischio il polmone verde del mondo (anche se il presidente brasiliano Bolsonaro dichiarerà che la foresta è patrimonio del suo Paese e non dell'umanità). Naomi Klein, scrittrice e attivista da anni impegnata per l'ambiente, interviene: «I leader mandano il mondo in fiamme. L'unica risposta è la mobilitazione delle persone, specie dei giovani». La teenager belga Anuna De Wever, fondatrice assieme a Kyra Gantois del movimento Youth for Peace, ribadisce: «Ognuno pensa che la crisi climatica sia lontana, fino a quando capisce che non è così». E parlando delle politiche produttive delle aziende aggiunge: «Essere ecologici oggi è molto costoso mentre inquinare è conveniente. Ecco, bisogna che succeda il contrario». Le nostre azioni di singoli individui hanno un impatto minimo, ma miliardi di singoli individui sul pianeta ne hanno uno enorme. È ovvio che ridurre l'impronta ecologica di una multinazionale sia molto più utile che spegnere il motore dell'auto. Ma almeno per le azioni a costo zero, perché non cominciare ad «assumere la leadership»?

Indovina chi muore per primo

È logico che siano le giovani donne a emergere come capofila della lotta contro il surriscaldamento del pianeta. Secondo l'Onu, in una catastrofe naturale abbiamo quattordici volte più probabilità degli uomini di morire. Così come siamo le principali vittime dei conflitti, che aumentano anche il tasso di violenza domestica. Nella guerra in Bosnia si stima che siano state stuprate in tre mesi circa 60mila donne, nei cento giorni del genocidio ruandese circa 250mila. Ma le violenze sessuali si moltiplicano anche in caso di calamità, per un motivo banale: nei rifugi vengono ammassati tutti insieme, per ore, in una situazione di paura, al buio, senza controlli e senza possibilità di fuga.

Con il tifone del 2013 nelle Filippine persero la casa quattro milioni di persone, tra cui molte madri incinte che dovettero dare alla luce i bambini in condizioni disperate. In Liberia, l'epidemia di ebola del 2014 uccise per il 75 per cento femmine, più esposte al contagio anche perché andavano a partorire negli ospedali. Nell'agosto 2015, New Orleans fu colpita dall'uragano Katrina e gli sfollati furono circa 30mila, in maggioranza afro-americane. Ma quasi nessuno si preoccupò di consultarle quando si cominciò a progettare la ricostruzione, e così i quartieri e i condomini in cui abitavano furono rimessi in piedi senza tener conto delle loro esigenze: di mobilità, di sicurezza, di vita comunitaria.

Secondo uno studio della World Health Organization, nel ciclone che a maggio 2008 uccise 130mila persone in Myanmar, il 61 per cento delle vittime furono donne: perché rimasero bloccate sole a casa con i bambini e non riuscirono a mettersi al sicuro, ma anche perché impacciate nei movimenti dal loro abito tradizionale, il sari. Non ci si salva a nuoto da uno tsunami, ma non sarebbe in ogni caso un'opzione: in molte nazioni latino-americane e asiatiche, alle femmine non si insegna a nuotare, non è una cosa da brave ragazze.

Nel caso opposto, quello di siccità, non va certo meglio, dato che la responsabilità di procurare l'acqua per l'uso domestico è per l'80 per cento femminile. Il fabbisogno minimo quotidiano per una famiglia di cinque persone è di 100 litri al giorno. Vuol dire che la madre, in genere portandosi i bambini, deve andare a procurarsela a due o tre riprese: nella stagione secca, in India e in Africa, è un'attività che assorbe il 30 per cento del suo tempo. Nel lungo periodo la schiena e il collo naturalmente risentono del peso trasportato, causando un invecchiamento precoce della colonna vertebrale. Nei Paesi tropicali, poi, l'aumento delle temperature favorisce il diffondersi della malaria, a cui sono particolarmente esposte le donne incinte, non fosse che per un motivo molto semplice: devono uscire più spesso da sotto la zanzariera per andare a fare pipì.

Non è un mondo per femmine, e non solo nei Paesi più sfortunati. Sono debitrice ad alcuni tra i capitoli più interessanti di *Invisible Women*, oltre che per molti dati sulle vittime di catastrofi, per una serie di informazioni davvero agghiaccianti sulla nostra sanità. La differenza di genere in medicina sembra aver causato nel corso dei secoli abbastanza vittime da far invidia a un conflitto armato.

Ma Ippocrate era misogino?

Avete mai sentito parlare della donna vitruviana? No, e non c'è da stupirsene. Una ricerca del 2008, su un vasto campionario di testi universitari negli

Usa e in Canada, ha analizzato più di 16mila immagini del corpo umano: quando si doveva rappresentare qualcosa di «neutro», come l'apparato cardiocircolatorio o i muscoli, le forme disegnate erano tre volte su quattro maschili. Il sangue è uguale per tutti? Non proprio. In fatto di salute la differenza di genere conta, e molto. La ricerca sta indagando sulle variabili addirittura al livello cellulare, ma ha già accertato per esempio che il sistema immunitario femminile è diverso, che differente è la risposta ai vaccini e la reazione del metabolismo ai farmaci.

Eppure, la maggior parte delle medicine sono studiate per funzionare sulle misure e sui comportamenti di un corpo maschile. Questo perché sia nella ricerca preclinica sugli animali, sia nelle varie fasi di sperimentazione sugli umani, cruciali per stabilire efficacia ed effetti collaterali, la maggior parte degli individui coinvolti sono uomini. Per esempio, le donne rappresentano il 55 per cento dei malati di Aids adulti nei Paesi in via di sviluppo. Ma, secondo uno studio del 2016 sulle ricerche mediche negli Stati Uniti erano solo l'11 per cento dei partecipanti ai test per cercare una cura. Come essere sicuri che, se verrà trovata, sarà efficace anche per loro?

Analizzando i dati di ventidue milioni di residenti in Nord America, Europa, Asia e Australia si è scoperto che le donne provenienti da classi sociali disagiate hanno il 25 per cento di possibilità in più di avere un infarto, rispetto agli uomini con lo stesso tenore di vita. In particolare, per le malattie cardiovascolari, la mancanza di studi disaggregati per genere uccide. Il cuore maschile e quello femminile presentano piccole differenze, ma rilevanti rispetto all'uso di un pacemaker o di un defibrillatore. Una ricerca britannica ha mostrato che le pazienti ricevevano molto più spesso una diagnosi sbagliata dopo un infarto. Perché i sintomi erano diversi: non il classico dolore al petto e al braccio sinistro ma piuttosto dolore allo stomaco, nausea e altri sintomi «atipici». Cioè: non maschili. Un esempio ancora più comune è l'aspirina: efficace per prevenire un primo infarto negli uomini, ma non per tutte le donne.

Da qualche tempo anche la legge sta correndo ai ripari. Negli Stati Uniti è illegale non avere «quote rosa» nei test finanziati con risorse federali. In Italia, nel 2013 era stata depositata alla Camera una proposta di legge per istituire norme sulla medicina di genere e il Decreto legge Lorenzin, approvato nel dicembre 2017, per la prima volta contiene un riferimento al tema.

Ma includere le donne nei campioni di ricerca costa tempo e risorse, e molte case farmaceutiche non lo fanno. C'è ancora chi sostiene che, in fondo, non è necessario. Che è un falso problema.

Che il corpo femminile è «troppo complicato» (ma non sarebbe un motivo in più per studiarlo come si deve?). C'è chi si lamenta che è più difficile reclutarci per i trial perché non riusciamo mai a organizzarci per partecipare. Al danno la beffa: con tutto quel lavoro non pagato da fare a casa, manca il tempo anche per curarci.

La cecità selettiva per i problemi femminili si manifesta nei modi più vari. Nel 2014, Apple lanciò il suo sistema integrato di monitoraggio della salute. Potevi misurare ogni aspetto del tuo corpo, fino alle percentuali nel sangue di alcol o di sostanze come il rame o il molibdeno. Tutte cose fondamentali, specie il molibdeno. Di una cosa sola non potevi tenere traccia: le mestruazioni. Quanto alle prime versioni dell'assistente vocale Siri, ti aiutavano a trovare il Viagra, ma non una clinica in caso di gravidanza. Facile intuire chi fossero i programmatori, e quali problemi avessero.

Riprendiamoci la menopausa (e il resto)

Da qualche anno a questa parte mi capita sempre più spesso di trasformarmi nella dottoressa Gruber, specializzata in consulenze per amiche in menopausa. Già, quella. Assieme a «mestruazioni», è la parola con la «m» che le donne cercano di non pronunciare. Entrambe sembrano essere associate a un'altra «m», quella di «maledizione». In tutti e due i casi, è profondamente ingiusto che lo siano.

Le mestruazioni sono un'occasione di imbarazzo e disagio, quando va bene: non ci sono abbastanza bagni pubblici, mancano i dispenser di assorbenti, scarseggiano i farmaci giusti per trattare il dolore. Quando va male, sono un pretesto per discriminarci: l'orrenda domanda «Hai le tue cose?», usata per rintuzzare le arrabbiature femminili più legittime, è solo la punta di un iceberg fatto di lavori sconsigliati o persino, in alcuni Paesi, vietati alle ragazze. «In quei giorni» saremmo meno concentrate ed efficienti, nonché più emotive, mentre ovviamente i maschi sono sempre concentratissimi e non hanno mai sbalzi d'umore. Io ho una redazione di giovani uomini e donne e posso garantire che non ho mai notato differenze, forse hanno il ciclo tutti, o nessuno, chissà.

Le mestruazioni a un certo punto finiscono, entriamo in menopausa: evviva? Macché. Se possibile, si va a stare peggio. Vi invito a vedere, se già non l'avete fatto, il video sul *Last Fuckable Day*, l'ultimo giorno in cui sei scopabile, della mia adorata Amy Schumer insieme ad altre *comedians* americane sue colleghe. Affronta in modo esilarante un tema che in realtà è serio: la fine dell'età fertile, momento delicato dal punto di vista ormonale, è ancora visto come una specie di morte sociale. Non solo dagli uomini, ma dalle donne stesse.

L'argomento meriterebbe un libro intero ma ce ne sono già di ottimi. Che spiegano anche perché questo tema non sia solo personale, ma politico. Per questo mi preoccupa trovarmi a parlare per ore di esercizi pelvici e di secchezza vaginale con le più diverse categorie di amiche over 50, depresse senza alcuna ragione logica per l'ingresso in uno stato che in realtà ha un sacco di vantaggi. E per questo non ne posso più di sentir definire «interessanti» maschi con la panza e i peli nelle orecchie a cui la società consente di ritenersi interessanti davvero. Mentre nega il sacrosanto diritto di considerarsi desiderabili a donne della stessa età, splendide, curate e dagli addominali decisamente più pregevoli.

E non mi si venga a dire che è un tema psicologico. La discriminazione e la disinformazione che le donne sopra i cinquant'anni devono subire a causa della loro età è una vergogna per una società civile. Ed è una forma di sottile violenza che tanto per cambiare ci danneggia, dato che rischia di privarci di forze e talenti di cui abbiamo un grande bisogno. Se siamo depresse, invisibili, neglette come possiamo esprimere il potenziale enorme dell'età più matura?

La giornalista e autrice bestseller americana Liza Mundy, in un articolo sul numero di ottobre 2019 di «The Atlantic», fa notare che l'età fertile corrisponde a meno della metà della vita di una donna. Ci sono trenta o quarant'anni in cui dedicarsi ad altro che non sia generare e crescere figli. Sono decenni in cui siamo energiche, creative, sagge. Mundy cita un libro della storica Susan Mattern, che avanza una teoria interessante: la menopausa è una delle chiavi del nostro successo come specie. Studiando tribù che vivono di caccia e raccolta, l'autrice ha notato che le donne sopra i cinquanta contribuivano a portare a casa il cibo più di chiunque altro. La loro utilità per la sopravvivenza del gruppo e per i legami sociali non era solo invariata, ma addirittura superiore. Morale: oltre i bambini c'è di più. C'è un sacco di lavoro, di relazioni e di vita. E di sesso.

Eppure passano i secoli e resta l'idea che quando smettiamo di procreare (o di averne la possibilità) diventiamo «inservibili». È una specie di bomba a orologeria acquattata in un angolo della nostra mente collettiva, pronta a esplodere con il suo carico di imbarazzo – di nuovo –, di depressione, anche di dolore fisico. Ed è qui che mi trasformo nella dottoressa Gruber e soprattutto con le amiche più disfattiste divento prescrittiva: ragazze, non si deve per forza soffrire. Non si deve per forza ingrassare. E non si deve a nessun costo smettere di provare piacere. Si deve, invece, pretendere dal proprio ginecologo, o dalla propria farmacista, la terapia più efficace.

Anche le compagnie cosmetiche e farmaceutiche si stanno accorgendo che c'è una nuova (nuova?!) fascia di mercato da conquistare. E cominciano a proporre non solo prodotti per non sembrare vecchie agli occhi degli altri, ma prodotti per stare bene dentro il nostro corpo che cambia. Diverse ricerche di mercato hanno dimostrato – bastava chiedere – che sembrare giovani ci interessa, certo, ma meno che sentirci in forma. E finalmente su creme e integratori comincia a comparire forte e chiara la parola «menopausa».

Di nuovo, la chiave è la visibilità: chiamare le cose con il loro nome per superare gli stereotipi. E se non per amore, almeno per soldi, speriamo di aver trovato, in chi crea articoli specifici per la menopausa, nuovi alleati. Ne abbiamo pochi, rispetto al peso che portiamo. Abbiamo visto che per tutta la vita ricadono su di noi le attività di cura in famiglia: è provato che ciò ci espone molto di più a patologie come depressione, insonnia, ansia. Non è certo solo durante la menopausa che i problemi del corpo femminile vengono regolarmente sottostimati: se una signora lamenta forti e ricorrenti dolori alla pancia, le probabilità che il medico la mandi a casa con una pacca sulla spalla e una diagnosi di forte stress sono molto alte… Peccato che possa trattarsi di endometriosi, una malattia che affligge circa 176 milioni di donne in tutto il mondo. A volte servono anni per riconoscerla e non esiste, al momento, una cura. Non parliamo della sindrome premestruale – dal mal di testa all'ansia al mal di stomaco all'insonnia – che si stima potrebbe riguardare il 90 per cento di noi, ma di cui la ricerca medica si occupa cinque volte di meno rispetto alla disfunzione erettile.

C'è una molecola, il sildenafil citrato, di provata efficacia per il trattamento dei dolori mestruali: li allevia senza effetti collaterali. Sapete quale altro farmaco ha come ingrediente il sildenafil citrato? Ancora lui, il Viagra. La domanda che vi porrete se siete una casa farmaceutica è: ci sono più donne disposte ad andare al lavoro con i crampi o uomini disposti a fare brutta figura a letto? La risposta: lo studio statunitense del 2013 sull'efficacia di questa molecola per i dolori mestruali è stato interrotto per mancanza di fondi.

È proprio il caso di dire: grazie al c… Va be', ci siamo capite.

9
Sex and the cinema

6 luglio 2019. Il finanziere e miliardario americano Jeffrey Epstein, di ritorno da un viaggio parigino, scende dal suo jet privato, noto come il «Lolita Express». E riceve un'accoglienza d'eccezione da parte dell'Fbi.

Epstein è in quel momento uno degli uomini più ricchi e più impuniti al mondo: possiede un'enorme casa a Manhattan, un ranch nel New Mexico, una magione a Palm Beach, un paio di isole. Il presidente Trump nel 2002 ha detto di lui in un'intervista a «The New York Times»: «Conosco Jeff da quindici anni. Gran bel tipo, con lui ci si diverte un sacco. Si dice persino che le donne gli piacciano quanto a me. E molte di loro sono piuttosto giovani». Infatti, «Jeff» è anche un criminale, condannato per reati sessuali già nel 2008.

La polizia di Palm Beach, nel 2006, aveva infatti indagato sull'insolita quantità di ragazze, alcune minorenni e in uniforme scolastica, che andavano e venivano dalla sua villa. E scoperto che erano invitate a concedere varie prestazioni sessuali al «*creepy old guy*», il vecchiaccio bavoso, per compensi di 200 o 300 dollari. Si cominciava sempre dai massaggi, dopodiché si poteva arrivare al sesso orale, fino ai rapporti completi. Chiamato a rispondere dei suoi misfatti da un dossier investigativo di decine di pagine, Epstein se l'era cavata con poco. Alexander Acosta, avvocato dell'accusa, aveva contrattato con la difesa un patteggiamento scandaloso: un po' di soldi alle trentasei giovani vittime identificate e tredici mesi di prigione. Il finanziere aveva scontato la «pena» in un'ala privata del carcere di Palm Beach, con il permesso speciale di uscire sei giorni alla settimana per dodici ore al giorno.

Oltre dieci anni dopo, gli stessi nodi vengono a un altro pettine, stavolta a Manhattan. Una perquisizione a casa di Epstein porta alla luce centinaia di foto e video pornografici, alcuni di minorenni. Il lupo perde il pelo ma non il vizio, in fondo il miliardario se l'è già cavata una volta e forse, quando viene arrestato, conta di farla franca di nuovo. Certo, nel frattempo in America c'è stato il #MeToo e l'aria si è fatta più pesante persino per i maschi ricchi, potenti e arroganti. Ma lui ha amici molto in alto.

Sennonché è proprio questo il problema. Dietro gli scandali e i crimini commessi contro le donne e le ragazzine c'è ben altro: guerre economiche, vendette politiche, intrighi dei servizi segreti. Il nome di questo gioco è lo stesso da millenni: corruzione. È un gioco in cui le donne sono spesso pedine, anche le regine come la ex fidanzata di Epstein, Ghislaine Maxwell. Ma rispetto a dieci anni fa, sembra che le regole siano cambiate.

I materiali compromettenti che lui ha raccolto grazie alle videocamere installate nelle sue proprietà preoccupano troppi suoi sodali d'alto bordo. Tra gli amici di «Jeff», oltre a Trump, ci sono Bill Clinton, il principe Andrew d'Inghilterra, vari facoltosi sauditi. Un club internazionale di uomini arrapati in cui si muove da padrona di casa Ghislaine Maxwell, che presto comparirà nei verbali degli inquirenti: diverse giovani vittime la accuseranno di averle adescate assieme a Epstein e di aver anche partecipato alle violenze. Le rivelazioni si susseguono e, nel cosiddetto jet-set, la paura aumenta.

Ghislaine, inglese, è una *socialite*, ovvero una bella ragazza abbiente che vive fra le feste e gli eventi di una comunità internazionale di danarosi nullafacenti. Ma è anche la figlia di Robert Maxwell, un immigrato dalla Cecoslovacchia diventato magnate dell'editoria e deputato laburista, proprietario delle testate giornalistiche del Mirror Group e della squadra di calcio Oxford United. Morto nel 1991, annegò in circostanze misteriose al largo delle Canarie, accanto al suo yacht *Lady Ghislaine*. Poco dopo si scoprì che si era appropriato dei fondi pensione dei suoi dipendenti per coprire i buchi in bilancio delle sue aziende, e sull'onda dello scandalo la figlia si trasferì a Manhattan. Dove, per completare la collezione di farabutti, ebbe una breve relazione con Epstein, rimanendone poi amica.

E ora eccola di nuovo al centro di un intrigo mortale. Perché anche Jeffrey, come Robert, è «*too big to fail*».

Gli avvocati di Epstein propongono subito una cauzione di 600 milioni di dollari perché gli sia permesso di restare, in attesa del processo, nella sua magione newyorchese. L'offerta viene declinata: il rischio di fuga, secondo la polizia, è troppo alto. Il grand'uomo viene rinchiuso nel Manhattan Correctional Center. Non può comprarsi la libertà, ma conta che i suoi potenti compagni di scorribande riescano in qualche modo a ottenerla per lui. Avrebbero molto da perdere, se lui parlasse. Appena una settimana dopo il suo arresto, la Nbc manda in onda un video del 1992 che lo mostra a una festa, con un Trump davvero su di giri, intento a ballare, bere e palpeggiare ragazze. Queste ultime sembrano maggiorenni e disponibili, ma non è comunque uno spettacolo edificante. Un messaggio al presidente? Di certo, quest'ultimo prende le distanze, sostiene di aver litigato con il miliardario quindici anni fa, di non essere un suo «fan». Il 19 luglio Alexander Acosta, l'ex accusatore di Epstein che nel frattempo è diventato segretario al Lavoro, rassegna le dimissioni. Persino Naomi Campbell nega di averlo invitato a una festa di compleanno sul suo yacht: lo aveva portato Flavio Briatore, dice. Da gradito ospite a imbucato: la corsa a sostenere che con «Jeff» si aveva poco o niente a che fare ha qualcosa di grottesco. Tutti hanno capito che il processo ci sarà, e che non sarà una passeggiata. Potrebbe trasformarsi in una resa dei conti capace di far impallidire sia il caso Madoff sia il caso Weinstein.

Ma la mattina del 10 agosto Epstein viene trovato morto, con il collo spezzato. Avrebbe dovuto essere sorvegliato strettamente, con turni di guardia ogni poche ore, ma così non è stato. L'autopsia dirà che si è impiccato. Aveva fatto testamento due giorni prima.

Il caso Epstein è uno dei più torbidi degli ultimi tempi. Le domande e i retroscena sulla sua fine, inutile dirlo, si sprecano. Ma c'è chi è incline a liquidarlo come gossip, gli stessi che hanno scrollato le spalle sullo scandalo Weinstein considerandolo un rigurgito di moralismo americano. «Così fan tutti», è la principale linea di difesa. No: non se vìoli leggi dello Stato, abusi del tuo potere per usare violenza e approfitti delle ragazzine. La seconda linea di difesa: d'accordo, ma nel tuo letto, con persone adulte e consenzienti, fai quello che vuoi. Ebbene, no: nemmeno. Non se hai in mano importanti leve del potere. Non se dalle tue decisioni dipendono posti di lavoro, il benessere dei cittadini, la sicurezza di un Paese. Non puoi essere dipendente dal sesso, dalla droga, dall'alcol, dalla caccia all'elefante, da niente che non ti farebbe piacere veder scritto sui giornali, detto in tv, divulgato dai social. Perché non puoi essere ricattabile. Il problema dell'incontinenza, sessuale o di altro tipo, dei potenti, non è la morale. È l'inaffidabilità. La mancanza di senso del limite, della responsabilità, dell'onestà. Doti che invece abbiamo il diritto di esigere da chi ci comanda, che stia in un Cda o in un governo.

Jeff e Harvey contro Sheryl

Il caso Epstein mette in scena alla perfezione il mix letale di volgarità e violenza che è il problema del nostro tempo. Non per niente è un nuovo episodio di una grande narrazione cominciata a Hollywood. Era l'autunno 2017 e «The New York Times» e «The New Yorker» portarono alla luce una sequela almeno trentennale di molestie sessuali e stupri subiti da donne del mondo del cinema e dello spettacolo da parte del produttore Harvey Weinstein. Il cast di quella storia era stellare, sia dal lato delle accusatrici sia da quello dei colpevoli: Gwyneth Paltrow, Angelina Jolie, Kevin Spacey, Louis C.K.... La caratura mediatica dei protagonisti, oltre al tema sessuale, ne fa il degno prequel dell'oscura storia di Jeff e Ghislaine.

All'inizio dell'autunno 2019 esce *She Said. Breaking the Sexual Harassment Story that Helped Ignite a Movement* delle giornaliste di «The New York Times» Jodi Kantor e Megan Twohey, che nel 2018 proprio per questa inchiesta hanno vinto il Pulitzer assieme a Ronan Farrow. Pensavamo di sapere tutto e invece il libro ci sorprende. Perché dopo aver guardato in faccia Harvey Weinstein, il mostro in prima pagina, le due giornaliste focalizzano lo sguardo *dietro di lui*. Sulla «macchina della complicità», come la definisce il quotidiano. Il sistema di impunità e silenzi creato e mantenuto dalle strutture di potere intorno al produttore, che gli ha permesso di agire indisturbato per decenni.

È un appello spietato e angosciante di collaborazionisti di ogni genere e grado, dai Ceo della società di Weinstein, ai responsabili delle risorse umane, ai giornalisti e agli avvocati che sapevano e hanno taciuto, o hanno aiutato a coprire gli scandali. Non solo uomini: in un report scritto da Lisa Bloom, una delle sue legali, tra le strategie consigliate per difendersi dalle accuse si parla di far uscire articoli che descrivano una delle accusatrici come una «bugiarda patologica», e di far sparire gli articoli negativi da Google. E, perla delle perle, si suggerisce di chiamare in causa la morte della mamma, dopo la quale Weinstein sarebbe diventato, se non proprio un femminista convinto, almeno più sensibile ai temi femminili.

Ancora una volta, colpisce quanta omertà circondi i soprusi. Ancora una volta è impressionante notare quanto in fretta il sistema possa collassare rompendo il muro delle complicità. Basta un solo sasso di verità. Ma per scagliarlo ci vuole coraggio.

La caduta di Harvey è stato il «*tipping point*», hanno detto in molti. Il punto di svolta. Il mondo andava da sempre in un certo modo («Lo facevano tutti», appunto) ma con il #MeToo la strada è diventata più accidentata. Come ogni rivoluzione, non è stata un pranzo di gala. Ci sono stati e probabilmente ci saranno ancora eccessi, manicheismi, strumentalizzazioni, vendette, meschinità, caccia alle streghe. Ma penso comunque: meno male che questo movimento c'è stato e speriamo che continui. Perché i maschi ricchi e di potere ci penseranno due volte prima di tirare fuori dai pantaloni il muscolo centrale, quando non richiesto. Perché per le ragazze ambiziose e scorrette diventerà forse meno facile far carriera da sdraiate. E quelle ambiziose e serie sapranno che degli abusi si può parlare, che si può essere difese e proteggersi a vicenda. Le vittime di questo malcostume, infatti, sono anche quelle – la stragrande maggioranza – per cui in un contesto di violenza e volgarità è difficile lavorare e farsi strada. Perciò è importante che nei ruoli dirigenziali ci siano donne, più interessate a promuoverle che a sedurle.

A fine giugno 2019 è in visita a Roma Sheryl Sandberg, Ceo di Facebook, da anni al top delle classifiche delle donne più influenti del mondo stilate da «Fortune» e «Forbes». Sandberg è una paladina dei nostri diritti e dell'opportunità di fare rete per arrivare ai posti di potere, insieme. Con tipico benaltrismo (le questioni da affrontare sono ben altre, una così ricca dovrebbe fare ben altro eccetera), viene accusata di essere una privilegiata, che dei problemi «veri» non sa nulla. Intanto, però, ha fondato e finanzia LeanIn.org, un'organizzazione non-profit dedicata a «offrire ispirazione e sostegno alle donne». E fa parte del Cda di One Billion Rising, che ogni febbraio porta in piazza milioni di persone per creare consapevolezza e solidarietà contro la violenza e il femminicidio.

Durante la sua visita romana, Sheryl Sandberg incontra alcuni giornalisti e mi chiede un colloquio. Questa signora energica ed elegante, dal sorriso vincente, è curiosa dell'Italia e in particolare del nostro tasso di femminismo. Perché, mi domanda, da noi il #MeToo non ha preso piede come in America? In fondo una delle prime e principali accusatrici di Weinstein era Asia Argento, un'italiana. In parte, proprio qui sta il problema, le spiego: le rivelazioni e il comportamento di Argento sono stati visti fin dall'inizio come controversi. Ma principalmente, il punto è che il nostro è ancora un Paese profondamente tradizionalista e maschilista. Te lo dice, vorrei aggiungere, una che è stata la giornalista più... la traduzione, immagino, sarebbe «*telefuckable*».

Ero già una nota conduttrice, quando venne realizzata un'inchiesta davvero progressista su quale, tra le protagoniste delle news televisive, gli spettatori considerassero più desiderabile. Sì, proprio dal punto di vista sessuale. Ebbi l'«onore» di ritrovarmi in cima alla lista e decisi di non farne un dramma. Intervistata qualche giorno dopo da Rai3, commentai solo che avevo appreso di essere considerata «la più telescopabile». A me pareva un aggettivo preciso in modo quasi chirurgico: fu invece uno scandalo. Come osavo offendere con una terminologia simile le vergini orecchie dei telespettatori? Le stesse anime candide che avevano risposto al sondaggio, feci notare. Con quel che si sente in giro oggi, il ricordo di quella levata di scudi sembra davvero vintage. E mi fa sorridere. Ma all'epoca mi presi una notevole arrabbiatura, non solo per il sondaggio in sé ma per i due pesi e due misure. Chiunque era autorizzato a dire di me ciò che voleva, ma se riportavo chiaro e tondo il loro pensiero, quella volgare ero io.

Con Sheryl Sandberg evito di entrare nei dettagli e accenno solo al fatto che il maschilismo domina ancora anche il mondo televisivo italiano. Regna sovrano, mi risponde, soprattutto nel luogo in cui lei vive e lavora, la Silicon Valley. Abbiamo visto le statistiche delle professioni Stem e la cosa non stupisce. Ma, ancora una volta, la disparità ha effetti profondi, duraturi, preoccupanti. Nei laboratori californiani, infatti, si progettano non solo gli oggetti che determinano il nostro stile di vita, primi fra tutti gli smartphone, ma l'intelligenza artificiale. Che rischia quindi di essere modellata a immagine e somiglianza di quella maschile. Sandberg racconta che il problema è molto sentito e anche per questo è in corso un serio lavoro di sponsorizzazione attiva delle ragazze per aumentare rapidamente la loro percentuale nelle professioni del settore high-tech. Progetti del genere sono in corso anche in Italia, dove fin dalle scuole medie ora ci si impegna per avvicinare le più piccole al mondo del coding e dell'informatica.

La sfida del futuro si gioca sui territori del pensiero, della creazione dei nostri modelli di comportamento, della progettazione del nostro immaginario. Oltre alle tecnologie, sono le grandi narrazioni a modificare in profondità il modo in cui vediamo il mondo. Compreso quello femminile.

Hollywood Blues

Vi ricordate *Soldato Jane*, il film di Ridley Scott la cui protagonista vuole a tutti i costi combattere nei Navy Seals? Era il 1997 e alzi la mano chi non applaudì sentendo Demi Moore ringhiare: «*Suck my dick*». Da allora, per fortuna, abbiamo fatto molta strada.

Dopo il prossimo film di James Bond, il cui protagonista sarà ancora Daniel Craig, nel venticinquesimo episodio della spy story più iconica dell'Occidente il nuovo 007 sarà un'attrice di colore, Lashana Lynch: una decisione da milioni di dollari e dall'enorme impatto simbolico. Ovviamente non si chiamerà James, né Bond, ma erediterà il celeberrimo nome in codice che è stato di Sean Connery, Roger Moore, Pierce Brosnan e altri sex symbol. Il mito del maschio bianco che salva il mondo sta per sgretolarsi? Forse si è già sgretolato: i film della serie non hanno più l'impatto di una volta, e al botteghino Bond deve affrontare i supereroi delle megaproduzioni. Chiamare in soccorso una ragazza potrebbe essere un classico *glass cliff*. Inoltre, quando un mestiere non è più particolarmente appetibile diventa «roba per donne». Resta da vedere se e come cambiare il genere della protagonista potrà davvero ribaltare le eterne strategie narrative dei film di 007: pericolo, spettacolarità, contrasti forti, poco spazio per le complessità emotive.

Nel frattempo, le serie televisive stanno facendo un lavoro più carsico e, a mio parere, più interessante. Le nuove eroine a cui ci hanno abituate tante stagioni di *Homeland*, *House of Cards*, *The Good Wife*, *Jessica Jones*, *Scandal* e così via non nutrono più l'ambizione di comportarsi da uomini in un mondo di uomini. Sono personaggi multidimensionali, spesso problematici. La Carrie Mathison di *Homeland* è bipolare. Jessica Jones soffre di stress post-traumatico. E anche quelle più «normali» sono comunque donne vere, con tentazioni, desideri, paure, debolezze. Claire Underwood è cinica e ama il potere quanto e più del marito. Alicia Florrick e Olivia Pope non rifuggono dal compromesso e hanno vite sentimentali e sessuali complicate. Piper Chapman e le altre ragazze di *Orange is the New Black* si incontrano in galera, non al tè delle cinque. Le donne possono essere brutte, sporche e cattive quanto i maschi e pure incompetenti, stando a *Veep*, la serie comica sulla vicepresidentessa più incapace d'America. Cade anche il luogo comune per cui una femmina deve essere comunque più efficiente.

Parità finalmente raggiunta? Sul piano che più conta, quello economico, tanto per cambiare, no. La percentuale rosa è bassa, sullo schermo e fuori: abbiamo ancora troppo poche registe, sceneggiatrici, responsabili del casting, fotografe di scena, operatrici e altre figure professionali. Secondo i dati di Women and Hollywood, sito dedicato alla diversità di genere nell'industria cinematografica, nel 2018 c'era un 51 per cento di spettatrici, ma solo un 4 per cento di registe e un 15 di autrici. D'altra parte, nella storia degli Oscar il premio per la miglior regia è stato assegnato per la prima volta a una donna solo nel 2010, a Kathryn Bigelow, mentre nel

2020 sarà premiata Lina Wertmüller, alla carriera. Una ogni decennio è un po' poco. Va meglio sullo schermo, dove il 40 per cento dei film più importanti del 2018 ha avuto una protagonista o co-protagonista. Il rosa è un colore contagioso: quando c'è una donna alla regia, è provato che nella troupe vengono arruolate più sceneggiatrici, montatrici, operatrici. Nelle produzioni televisive, quando c'è almeno una creatrice sono femminili il 42 per cento dei ruoli principali, mentre un team tutto maschile si fermerà al 33.

E in Italia? Secondo una ricerca del Cnr, «Donne e audiovisivo», presentata a Roma nel gennaio 2019, l'88 per cento dei film a finanziamento pubblico sono diretti da registi, e solo il 21 per cento delle pellicole prodotte dalla Rai da registe. Abbiamo poco più del 25 per cento di produttrici, neanche un 15 di sceneggiatrici, un 10 di macchiniste, operatrici e foniche, intorno al 6 per cento di direttrici della fotografia e compositrici della colonna sonora. Solo nel settore casting, trucco e costumi la percentuale sale oltre il 50.

Nella nostra legge sul cinema, del 2016, è previsto un sostegno per le produzioni al femminile, ma ancora non basta e sono in molte, fra le signore del settore, a invocare vere e proprie quote rosa per spezzare il circolo vizioso della disparità di genere. Tra loro Anna Negri, regista della prima serie Netflix tutta italiana, *Baby*. Al convegno romano ha suonato una nota di ottimismo Riccardo Tozzi, fondatore e presidente di Cattleya, dichiarando: «Una rivoluzione in rosa sta arrivando nel mondo della serialità: oggi se si lavora con Netflix o Amazon si ha a che fare con donne che hanno il potere di decidere, e che accettano solo storie nelle quali le donne abbiano un ruolo importante, sia a livello di temi che di presenza. È quello il futuro. Il cinema risente delle condizioni nazionali e l'Italia è in arretrato rispetto alle condizioni lavorative delle donne».

Il 22 settembre 2019, Michelle Williams ha ricevuto l'Emmy come miglior attrice protagonista per la sua interpretazione nella miniserie di Fox *Fosse/Verdon*. E sul palco ha affrontato il tema della *equal pay*. Nel discorso ringrazia il network per averle dato un compenso pari a quello dei colleghi maschi. E aggiunge che considera il premio un riconoscimento prezioso, perché mostra che tutto è possibile quando si ascoltano e si rispettano le donne. E quando loro hanno il coraggio di farsi sentire.

Presentando la campagna contro la disparità di genere «Fuori dall'anonimato», che parte dal settore audiovisivo per poi allargarsi alle altre professioni, Piera Detassis, presidentessa dell'Accademia del Cinema David di Donatello, ha ricordato che un maggiore equilibrio nella giuria del premio ha portato nel 2019, per la prima volta in 74 edizioni, a due candidature femminili per la miglior regia, per Alice Rohrwacher e Valeria Golino. Ha vinto comunque un uomo, Matteo Garrone, con il film *Dogman* che peraltro ha fatto il pieno di riconoscimenti. Ma un segnale del vento nuovo lo aveva già dato un'attrice, sceneggiatrice e regista molto amata e molto impegnata, Paola Cortellesi, con il suo splendido discorso dell'edizione 2018 del premio, che denunciava la violenza, innanzitutto verbale, contro le donne. Le parole sono espressione dei pensieri, aveva sottolineato indignandosi con umorismo e determinazione, e i pensieri causano comportamenti. Per questo occorre partire dal linguaggio che usiamo: sullo schermo e fuori.

Anche perché farlo conviene.

Le donne sono i nuovi uomini?

Nelle serie tv come in altri campi, il rosa è il colore dei soldi: quelle scritte e prodotte, oltre che interpretate, da donne, come *Big Little Lies* o *Russian Doll*, conquistano il pubblico e la critica. Netflix, sbarcata in Africa nel 2016, ha in lavorazione due serie al femminile. D'altra parte, sta spopolando in Senegal *Maîtresse d'un homme marié* (L'amante di un uomo sposato), una specie di *Sex and the City* africano. È scritta da un'esordiente trentaquattrenne, Kalista Sy: tre milioni di visualizzazioni per la puntata pilota su YouTube. Per restare nel mainstream, alcune delle protagoniste più amate degli ultimi decenni, Meredith Grey, Annalise Keating e Olivia Pope, sono «figlie» di Shonda Rhimes, la più famosa sceneggiatrice americana. Femmina, di colore e sovrappeso, una combinazione da drappo rosso per l'internazionale sovranista, Rhimes ha un potere enorme sull'immaginario di una vasta parte del globo, e la sua squadra creativa fa incassi miliardari. Inserita da «Time» già nel 2007 tra le «100 persone che danno forma al mondo», dodici anni dopo, con la crescita esponenziale dell'importanza delle serie tv nei nostri consumi culturali, è di certo una delle donne più influenti del pianeta.

Le protagoniste sullo schermo, grande e piccolo, non sono una novità. Da decenni le storie al femminile si impongono come fenomeni di costume: basti ricordare le ormai anziane *Sex and the City* o *Desperate Housewives*. Ma in quelle contemporanee c'è una novità interessante. Il set di valori che ci fa affezionare alle protagoniste, che ci induce a tifare per loro (e a cliccare compulsivamente su «prossimo episodio» fino alle ore piccole), quasi sempre comprende lealtà, dirittura morale, forza, resistenza, spirito di sacrificio.

I grandi valori virili di un tempo.

In questo nuovo immaginario, le donne sono i nuovi uomini. Ed è una «v» importante, quella di «virilità». Che quando si scinde dalle altre due, «volgarità» e «violenza», diventa la chiave per valorizzare non solo l'altra metà del cielo, ma tutta la parte migliore del sistema: cinematografico, politico, produttivo. E per recuperare l'altra «v», la visibilità: trasparenza nelle procedure e strade maestre per i talenti. Tutto il contrario di ciò che abbiamo visto negli ultimi scandali americani.

Il caso Weinstein e il caso Epstein, a ben guardare, sembrano proprio una fiction. Potremmo intitolarla *The Big Fall*. La caduta dell'Impero Maschile d'Occidente. Ma i valori della virilità non sono perduti: gli uomini sono certo in grado – e sono invitati a farlo – di mostrare i loro lati più nobili, invece di quelli più beceri. Ma le prossime puntate, *sorry*, le scriveranno le ragazze.

Conclusione
Il voto alle donne

Mai perdere la tenerezza, pare dicesse Che Guevara. Mai perdere il senso dell'umorismo, potremmo aggiungere.

Mi fa sorridere l'opinionista australiana Julia Baird, dalle colonne di «The New York Times», con un pezzo pubblicato il 31 agosto 2019 e intitolato *Quello che so sui peni degli uomini famosi (e vorrei davvero non saperlo)*. «Vi sfido a trovare una qualunque leader, in politica o negli affari, la cui vagina sia oggetto di discussione a cena. Non *l'idea* della sua vagina, ma proprio *la vagina*; le sue pieghe e curve, colori e profondità. Ho tempo, aspetto la risposta.»

Comincia così un pezzo che, pur in tono ironico, mette in luce una grande verità: il sesso è da sempre un argomento di conversazione, ma ultimamente siamo scesi nel dettaglio. Sappiamo cose, delle parti intime degli uomini di potere, che non avremmo mai immaginato di conoscere. E soprattutto: l'informazione non è di alcuna utilità. Né per noi, né per il discorso pubblico, né per l'economia o per la convivenza collettiva.

Invece, dal pene «a forma di uovo» di Epstein a quello sottodimensionato di Trump (che tra tutte le accuse che lo colpiscono, ha considerato prioritario difendersi da questa), passando per quello che Lyndon Johnson chiamava «Jumbo», l'organo sessuale maschile spunta fuori – letteralmente – ovunque non dovrebbe. Conclude Baird: «So di avere standard assurdamente elevati, ma tenere i propri genitali fuori dal dibattito pubblico dovrebbe essere un principio fondamentale della leadership. Dopotutto non può essere difficile. Angela Merkel è al comando da quattordici anni e il suo decoro è al di sopra di ogni sospetto. Fatemelo sapere, se mai sentiste una donna di potere che si vanta della sua enorme vagina, o se un vostro conoscente si mette a discorrere delle caratteristiche uniche delle grandi labbra di una leader. Strano, vero? Più donne ci sono al potere, meno si parla in pubblico delle parti intime».

Amen, Julia. Forse, oltre a «rimettetevi la cravatta», bisogna aggiungere: rimettetevi le mutande.

Sette consigli...

Anche le ragazze, però, devono fare la loro parte. C'è bisogno di donne da promuovere, in ogni ruolo e in ogni età, e abbiamo detto e ripetuto che saranno loro a dare un nuovo tono al dibattito. Bene: visibilità fa rima con responsabilità e credibilità. E non lasciatevi fregare se vi dicono che chi si preoccupa della forma appartiene alle élite, e che il popolo dev'essere spontaneo, naturale, senza filtri: parla così chi vuole che il popolo rimanga per sempre ignorante e sottomesso. Invece, il rispetto della forma, la serietà e la cultura aiutano a costruire strategie per il successo alla portata di tutte.

Compratevi una giacca. È una delle prime cose che ho fatto quando sono arrivata in Rai, allora nell'edizione del Trentino-Alto Adige. Ho investito i miei risparmi in una giacca di Giorgio Armani, e data la moda del momento aveva pure le spalline. È stato il primo stilista a preoccuparsi di vestire la donna che lavora, fornendole una piccola «corazza» di giacca e pantaloni con cui sentirsi a proprio agio e apparire autorevole. A prescindere dalla marca, dato che esistono ottime giacche a qualunque prezzo: cercate di essere impeccabili. Nella vita pubblica, che sia la scuola o l'ufficio, non ci si veste per essere sexy. Provate a pensare: se oggi fosse il giorno in cui incontro la donna che mi promuoverà, vestita così mi troverebbe a posto? Se la risposta è sì, uscite tranquille.

Evitate di mescolare il piano professionale con quello dell'amicizia e del sesso. Nel gioco dei rapporti con un uomo di potere avete alte possibilità di uscire perdenti.

Però, non abbiate paura del potere. All'inizio della mia carriera, non avrei mai detto che ne desideravo di più. Mi sembrava un sinonimo di compromesso, prevaricazione, arroganza. Una cosa poco pulita, non una legittima aspirazione. Ma il potere è un mezzo: significa decidere. Diventa sporco se lo usano persone corrotte. Resta maschile se solo gli uomini lo maneggiano. Non è né buono né cattivo: dipende cosa ne fai quando ce l'hai. Imparate a gestirlo: offre l'opportunità di migliorare le condizioni di tutti.

Imparate a dire di no agli uomini. Quando vi dicono di tacere: no. Quando vogliono pagarvi di meno: no. Quando a letto non pensano prima a voi: no. Mettete in discussione l'autorità maschile: questa è un'esortazione molto cara a Jacques, che quando lo interrompo si lamenta ma in realtà è convinto che un dibattito acceso sia più costruttivo. Sarete più autorevoli se ricordate che il rispetto non è un'appendice del potere né un'appendice virile. Come diceva giustamente un cartello dei Fridays for Future: distruggete il patriarcato, invece del pianeta.

Uscite molto, in gruppo e divertendovi. Questo consiglio è di mia sorella Micki, che fa la coach, lo trovo ottimo e mi sento di passarvelo. Occupate lo spazio pubblico «marcando il territorio»: prendetevi le strade, le piazze, le osterie. Per le più grandi, che hanno responsabilità famigliari: ritagliatevi quella mezz'ora per stare fuori a bere un caffè o un gin&tonic con le amiche. Anche se vi sembra di non avere tempo, di non avere voglia, o che sia troppo tardi. A volte siamo noi stesse a chiuderci in casa o nelle nostre abitudini: ne so qualcosa, con una trasmissione quotidiana la routine è per forza ferrea. Ma per fare rete e mettere in comune idee e risorse bisogna partecipare alla vita collettiva, in tutti i suoi aspetti: quelli professionali e quelli ludici. Non bastano il telefono e i social. La conoscenza personale e l'occupazione del territorio ti rendono più forte, i maschi lo sanno da sempre.

Dopo aver ben studiato il campo di gioco, andate a prendervi ciò che vi spetta. È un'altra prescrizione che arriva dalla mia esperienza famigliare, stavolta da parte di mia madre Herlinde. Fin da quando eravamo ragazze, ha raccomandato a mia sorella e a me di conquistare una solida autonomia economica, perché nessuno potesse mai controllarci e comandarci. E nei momenti di passaggio professionali della nostra vita, ci ha sempre incoraggiato a combattere per avere compensi all'altezza. Nessuno vi darà un premio perché siete state brave e anche se fosse, non è un premio quello che cercate. Sono sacrosanti diritti. I vostri colleghi sanno chiedere, e ottengono, posizioni di prestigio, aumenti di stipendio, gratifiche e bonus. Imparate a chiederli anche voi, con forza e con i modi giusti. Se vi assalissero strascichi atavici di sensi di colpa e inadeguatezza, vedetela come una battaglia che fate a nome di tutte. Non sarà facile, tirate fuori coraggio e grinta, sapendo che nella vita si deve anche rischiare.

E studiate. Sempre, tutto, un sacco. Il lato positivo dell'intollerabile lassismo di questi tempi è che incontrerete uomini impreparati. Autocompiaciuti. Rilassati. Hanno dalla loro millenni di storia in cui sono stati ascoltati solo in quanto maschi, e per questo sono in genere più bravi a farsi valere in una riunione o in un dibattito. Ma voi potete essere più competenti, più preparate, più incalzanti. L'ho visto succedere in trasmissione e mi piace. Studiate. Portate nell'incontro la forza della competenza. E vincete.

... e tre modeste proposte

Non si può fare tutto da sole, però, né contare esclusivamente sulle proprie forze. Abbiamo visto che la parità di genere deve essere sostenuta da precise politiche, perché i poteri che la contrastano sono antichi e la strada da percorrere è lunga. Ecco, quindi, tre direzioni in cui vorrei veder andare le amministrazioni e i governi, di qualunque colore.

La tecnologia a servizio delle donne, contro la violenza. Non è possibile che abbiamo inventato droni capaci di colpire il nemico dall'altra parte del mondo, e ancora dobbiamo sentirci spaventate in un parcheggio coperto. Nel dibattito sulle *smart cities*, e nei progetti per i nuovi modelli high-tech di convivenza urbana (e non solo urbana, ma cominciamo da qui), deve entrare con priorità assoluta il tema della sicurezza delle cittadine nello spazio pubblico. Sensori, telecamere, allarmi: abbiamo tutto ciò che serve. Ma finora non è sembrato essenziale far sì che le femmine potessero vivere il contesto metropolitano con gli stessi diritti e la stessa tranquillità dei loro concittadini maschi. Invece lo è. Tra l'altro, un ambiente più sicuro e più confortevole migliorerà la vita di tutti. Non solo buona illuminazione e sistemi di vigilanza, ma bagni pubblici puliti, aree verdi, spazi di socializzazione. Un mondo riprogettato a misura di donna tornerà a essere a misura d'uomo.

Tolleranza zero per la volgarità, sui social come in strada. Non parlo dello sfogo, nemmeno dell'occasionale parolaccia, ma dell'insulto diffamatorio, dell'apologia di reato o di regime, dell'istigazione a delinquere. Individuare, perseguire e punire chi diffonde odio nel dibattito collettivo è ancora troppo difficile, persino quando si tratta di pagine ufficiali di politici, figurarsi gli altri. La polizia postale deve ottenere i mezzi per occuparsi di un problema vasto e ramificato, deve poter contare su nuove professionalità e risorse. Servono condanne più severe per questi reati e la certezza della pena. Perché non è un problema «per femmine». Dietro i più attivi seminatori di odio sui social si nascondono spesso reti neofasciste, neonaziste, suprematiste o semplicemente criminali: inseguirle nel web è un modo in più per smascherarle e debellarle. Spesso, chi attacca le donne a parole si rivela un violento nei fatti: oggi esprime la propria frustrazione con l'insulto machista, domani con un omicidio o una strage. Proteggere le donne da chi pensa di poterle colpire impunemente è la vera legittima difesa.

Quote rosa: vere e ovunque. La scusa più comoda, quando non mandiamo avanti una donna, è che... non c'era. Non se n'è presentata nessuna che avesse la professionalità giusta. Invece, a cercarla, la candidata ideale per il compito che abbiamo in mente c'è sempre, fidatevi. Servono meccanismi più efficaci per la promozione femminile a tutti i livelli: politico, aziendale, anche mediatico. Lo vedo a *Otto e mezzo* dove ci sono molti più volti maschili, perché gli uomini hanno il vantaggio di un ruolo riconosciuto e riconoscibile. Chi seleziona la classe dirigente, dal presidente della Repubblica agli amministratori delegati ai direttori di rete, deve privilegiare e scegliere le candidate, e attivare un circolo virtuoso. Più donne nelle stanze dei bottoni significa più donne in tv, nei dibattiti, nei convegni. Più modelli femminili positivi per le giovani. Più potere decisionale e più visibilità per tutte.

Spero che i capi di partito, ai prossimi appuntamenti con il voto, facciano come Ursula von der Leyen, costruendo squadre *fifty-fifty*. Mettendo la parità finalmente al primo posto dei loro programmi e le donne nelle posizioni «sicure» delle liste. E anche gli elettori devono aiutare: non votate chi non si impegna su questi temi cruciali. E guardate le liste, cercate le donne, informatevi su chi sono e cosa hanno fatto. Non lasciatevi scoraggiare se non le avete mai sentite nominare: probabilmente sono brave almeno quanto l'uomo che le precede. Votatele, vi daranno delle soddisfazioni.

Il voto alle donne. Uno slogan antico che non è mai stato così attuale. Oggi, può salvarci la vita.

Nota bibliografica

Libri

E. Jean Carroll, *What Do We Need Men For? A Modest Proposal*, St. Martin's Press, 2019.

Caroline Criado Perez, *Invisible Women. Exposing Data Bias in a World Designed for Men*, Chatto&Windus, 2019 (in corso di traduzione per Mondadori).

Michael D'Antonio e John Gerzema, *The Athena Doctrine. How Women (and the Men Who Think Like Them) Will Rule the Future*, Jossey-Bass, 2013.

Anuna De Wever e Kyra Gantois, *Il clima siamo noi*, Solferino, Milano 2019.

Naomi Klein, *Il mondo in fiamme. Contro il capitalismo per salvare il clima*, Feltrinelli, Milano 2019.

Susan Mattern, *The Slow Moon Climbs. The Science. History and Meaning of Menopause*, Princeton University Press, 2019.

Liza Mundy, *The Richer Sex. How the New Majority of Female Breadwinners Is Transforming Our Culture*, Free Press, 2013.

Sheryl Sandberg, *Facciamoci avanti. Le donne, il lavoro e la voglia di riuscire*, Mondadori, Milano 2013.

Dominique Sigaud, *La malédiction d'être fille*, Albin Michel, 2019.

Greta Thunberg, *La nostra casa è in fiamme*, Mondadori, Milano 2019.

Michael Wolff, *Assedio*, Rizzoli, Milano 2019.

Link a documenti

Rapporto di Save the Children *Le Equilibriste. La maternità in Italia*: bit.ly/2V30mq8.

Rapporto europeo sulla parità di genere 2019: bit.ly/2whrjfI.

Rapporto Ocse «Green Growth Indicators 2017»: bit.ly/2mv3YFS.

Rapporto Onu sulla condizione femminile 2019: bit.ly/2m8Rq6E.

Ringraziamenti

Innanzitutto, un applauso per mio marito Jacques Charmelot, indispensabile nella stesura di ogni libro. Anche questo, che lui chiama «il pamphletto» (italianizzando per ragioni ignote un termine francese), non sarebbe mai nato senza il suo contributo costante di spunti, riflessioni, letture e bicchieri di vino ben freddo nei momenti più bollenti della mia estate femminista.

Hanno avuto parecchia pazienza anche la mia famiglia e i miei compagni di vacanze, interpellati sul tema della parità di genere a colazione, pranzo e cena: grazie a mia madre Herlinde e a mia sorella Micki, ad Angela, Margot, Loredana, Anna, Giuditta, Ilaria e Massimo, Paolo e Graham.

La mia editor, Michela Gallio, non è *politically correct* ma in compenso è sempre indispensabile:

grazie di questa nuova impresa compiuta insieme. Un grazie anche all'agguerrita squadra di Solferino.

Collaboratori preziosi hanno lavorato per questo libro con competenza e generosità costanti (festivi inclusi): grazie alla mia redazione, soprattutto ad Alessandra Scotacci e Marco Caparrelli, a Sara Grazioli con il suo studio editoriale, e allo storico Davide Jabes. Grazie, e… a presto!

Indice